一分鐘爆紅法

瞬間拓展圈子的人脈心法

章岩—著

目錄

第九章

第十章

第十一章 人脈決定命脈，經營好你的人脈存摺

前言

在生活中，我們時常聽說「圈子」一詞，比如娛樂圈、體育圈、學術圈、政治圈等等。所謂圈子，簡單地說，就是具有相同愛好、興趣或者為了某個特定目的而聯繫在一起的人群，實際上就是物以類聚，人以群分。

圈子在我們的生活中無處不在。當一個人置身於社會這個系統中，或主動自覺加入一個圈子，或無意識地捲入一個「派系」，或純粹是被別人當做是某圈的人，多多少少都會被歸類和被貼上標籤。比如以血緣而定的親戚圈，以交際而定的朋友圈，一起工作的同事圈，還有同學圈、老鄉圈等，舉不勝舉。

「圈子決定位子」，你擁有什麼樣的圈子，對於人生的命運有著重要影響。比如同一個工廠生產的兩個同樣的盤子，一個可能成為招待貴賓的餐具，一個可能成為餵貓喝水的用具。盤子的品質是一樣的，可是它們的作用和命運卻大相徑庭，這是因為所處的圈子不同。姜子牙在鄉下只是個隱士，以耕田漁獵為生，到了周文王集團，就成了歷史上有名的政治家、軍事家。這是找到了適當的位置，當然也是入對了圈子。同樣，洪秀全一個科舉不中的窮書生，通過

「拜上帝會」這個圈子結交了一幫朋友，建立了太平天國，竟然動搖了朝廷的根基。圈子影響著命運，改變了圈子就會改變自己的人生。

每個人都生活在各種各樣的圈子中，只不過有的人圈子多，有的人圈子少；有的人是圈子中的重要人物，有的人就是跟著人家混；有的圈子慢慢變小了，有的圈子卻逐漸變大了……圈子是構建人脈的載體，要想順利施展自己的抱負，達到理想的人生目標，就要不斷擴大自己的人脈圈。

週末，各大校園裏會發現很多看上去不像學生的人在裏面穿梭遊走，其中有許多是花大錢從全國各地來進修的成年人。其實，學知識只是一方面的原因，更重要的原因是為了交朋友。對於那些「企業家班」、「金融家班」、「ＭＢＡ班」的學生，交朋友可能比學知識更加重要，有些人唯一的目的就是交朋友。一些學校的招生簡章上直白地告訴對方：擁有某某學校的同學資源，將是你一生最寶貴的財富。由此可見，越來越多的人們認識到了「人脈」的重要性。擁有一個良好的人脈圈，你就能拓展未來的前景和前途。

人脈是一個人通往成功之路的門票。卡內基說：「**一個人的成功，專業知識的作用占百分之十五，而其餘的百分之八十五則取決於人際關係。**」處理好人際關係，擁有豐厚的人脈資源，你就在成功路上走了百分之八十五的路程了。因此，經營並維護好自己的人脈圈，你就會離成功越來越近。

第一章

「圈子」決定「位子」，儘早搭建自己的人脈圈

「圈子」是一種構建人脈的載體，也是一種推進人生發展的平臺。
擁有良好的「圈子」，你就可以在社會上更好地立足，
並順利地提升自我，拓展自己未來的前景或前途。
一個人的「圈子」大小和氛圍，
將會對他的人生事業產生重大深遠的影響。

建立圈子，成為「圈內人」

各大媒體經常提到一個詞叫「圈內人」，也就相當於「自己人」的意思。不是自己人，當然什麼也不好辦，打不進圈子內部，即使你是渾身是膽，也只不過算個散兵游勇，很難大紅大紫。武林中人，都要拜師，一是為了學藝，二來也是為了有所歸依。拜了這個師，也就等於入了這個門，從此以後就再也不是孤家寡人了。

《水滸傳》中的一百零八將，如果都是散兵游勇，對大宋不會構成真正的威脅。武松再怎麼能打，打得過大宋的千軍萬馬嗎？吳用善謀，沒有兵馬供你調遣，再好的謀略也只能在腦中想一想，沒有施展的機會。但是當這些散兵游勇聯合起來後，大宋的皇帝就很慌張了，別說是武松、吳用等人，就連一個只知道偷雞摸狗的時遷恐怕就夠對付一陣子的了。

起初，劉備在還沒有完全建立起自己的圈子之前，論運籌帷幄不如諸葛亮，論帶兵打仗不如關羽、張飛、趙雲，但他有一種別人都不及的優點，那就是一種巨大的協調能力，他能夠吸引這些優秀的人才為他所用，建立以自己為核心的圈子，憑藉著圈子的力量，才有了三分天下的實力。

楚漢之爭的故事中，項羽是「力拔山兮氣蓋世」的理想英雄，若在今日，定是少男少女們崇拜的偶像；劉邦卻是「好酒及色」之徒，連結髮之妻都厭惡他的為人。但在楚漢之爭中，劉邦屢敗屢戰，垓下之戰一勝而平定天下；項羽百戰百勝，垓下之戰一敗而身死人手。原因何在？仍然是圈子在決定著他們各自的命運。

漢高祖劉邦平定天下之後，在洛陽的慶功宴上曾說過這樣的話：「夫運籌帷幄之中，決勝千里之外，吾不如子房；鎮國家，撫百姓，給饋餉，不絕糧道，吾不如蕭何；連百萬之軍，戰必勝，攻必取，吾不如韓信。此三者，皆人傑也。吾能用之，此所以取天下也。項羽有一范增而不能用，此所以為我所擒也。」

漢高祖劉邦之所以能一統天下，是因為他重用了一些在某些方面比自己能力更強的人，他把取得天下的原因歸之於自己善於經營圈子，可謂一語中的。

或許有的人會認為，現在都什麼世紀了，過去的那一套行不通了，現在是憑能力吃飯，只要自己有本事，還愁沒飯吃？這話說得沒錯，但也不可否認，在這個世界上，有才華而窮困潦倒之人並不在少數，或許他們正在為一日三餐而發愁呢。他們為什麼在這個標榜能力至上的社會裏至今仍然沒有脫貧呢？原因很簡單，缺的可能正是圈子吧。

而那些成功人士，正是有意無意地運用了圈子的生存法則，才得以一步步地走向成功。

被譽為美國鋼鐵工業之王的卡內基說過：「你可以將我所有的工廠、設備、市場、資金全部奪去，但只要保留我的組織和人員，幾年後，我仍將是鋼鐵大王。」

卡內基的這番話反映了一個企業家經營圈子以及利用圈子為自己創造財富的能力，即他們認識到，圈子的因素是最重要的。卡內基死後，人們在他的墓碑上刻上了這樣一首短詩：

> 這裏安葬著一個人，他最擅長的能力是：把那些強於自己的人，組織到為他服務的管理機構之中。

如今越來越多的人認識到，一個良好的圈子能極大拓展自己未來的前景或前途。這就是「圈子」的威力。

近朱者赤，要結交圈中的「強人」

一般來講，我們在組建一個圈子或加入另一個圈子的時候，最好要有選擇性，古人就曾說過，近朱者赤，近墨者黑。一旦你進入了一個圈子，這些朋友將是對自己影響最大的人。有選擇性地加入對自己將來發展有利的圈子，多向圈中的前輩求教，會使自己的人生獲得很大的益處。

薩加烈曾說過這樣的話：「如果要求我說一些對青年有益的話，那麼，我就要求你時常與比你優秀的人一起行動，就學問而言或就人生而言，這是最有益的。學習正當地尊敬他人，這是人生最大的樂趣。」結交一流人物能讓自己更強，經常與有價值的人保持來往，迴避沒有價值的人際關係，這不是庸俗，這是你向上的力量。多與有益的人相結交，結交成功的前輩，往往能夠轉換一個人的機運。

里昂是美國加州小鎮上的鐵道電信事務所的新雇員。在十六歲時，他便決心要獨樹一幟，十七歲他當了管理所所長，後來，先是在西部合同電信公司，接著成為俄亥俄州鐵路局局長。當他的兒子上學就讀時，他給兒子的忠告是：「在學校要和一流人物結交，有能力的人不管做什麼都會成功……」

有的人也許會覺得里昂說的話太庸俗，但事實證明把有能力的人作為自己的榜樣並不可恥。朋友與書一樣，好的朋友既是良伴，也是我們的老師。

要與偉大的朋友締結友情，跟第一次就想賺百萬美元一樣，是相當困難的事。這原因並非在於偉人們的出類拔萃，而是由於自己缺乏自信。不善於和前輩交際，年輕人就很容易失敗。第一次世界大戰中，法蘭西的陸軍元帥福煦曾說過：「青年人至少要認識一位善通世故的老年人，請他做顧問。」

可是在現實中，不少人總是樂於與比自己差的人交際，因為借此能使自己產生優越感。不過混跡於不如自己的人當中，顯然是學不到什麼的。你所交往的人會改變你的生活。與憤世嫉俗的人為伍，他們就會拉你沉淪；結交那些希望你快樂和成功的人，你就會在追求快樂和成功的路上邁出最重要的一步，對生活的熱情是具有感染力的，因此同樂觀的人為伴能讓我們看到更多的人生希望；結交比自己優秀的朋友，則能促使我們更加成熟。

人們可以從劣於自己的朋友中得到滿足，但也必須獲得優秀的朋友給我們的刺激，以助長勇氣。大部分的朋友都是偶然得來的。我們或者和他們住得很近，因而相識；或者是以未曾預料的方式和他們相識。結交朋友雖因為偶然，但朋友對於個人進步的影響卻很大。交朋友宜經過鄭重地考慮之後再決定。

多結交成功的朋友，可以把注意力放在比自己先成功一步的朋友身上。這樣，你既有結交的機會，也容易領略到對方的內涵。事實上，阻礙我們成功的最大障礙就存在於我們自己心中，自己戰勝自己往往是人生中最持久最難決出勝負的艱苦戰役。但如果你擁有許多成功的朋友，在這場看不見硝煙的戰役中，很可能就會輕易取勝，因為成功者已經告訴我們取勝的訣竅和方式方法。既是成功者的方式方法，我們無須過多地懷疑憂慮，在人的一生中，該模仿的時候就應該模仿，才能有美好的人生。

事業成功的朋友，是我們成就事業的最好參照物，會使自己不斷地力爭上游。我們應當牢記與有益的人交往並不是太難的事情。首先將自己所在城市的著名人士列出一張表，再把將會對自己的事業有所幫助的人，也列出一張表，之後就是每星期去試著結交一位這樣的人。不久以後你就會驚奇地發現，自己的人生會有所改變。

與何種人交往決定你成為何種人

社會上的芸芸眾生大概都豔羨過有錢人，認為他們從來錦衣玉食，名車別墅。不像普通百姓，每天為生存，為了最基本的生活保障，奔波忙碌，流血流汗。

為什麼他們能成為有錢人，可以追求生活的高品味，而我們卻掙扎於貧困的最底層。歸根結底，有錢人的朋友一般都是那些達官貴人，有身分、有地位、社會資源極其豐富的人，而窮人的朋友大多是另一些窮人。所以說，窮和富不是沒有緣由的，好和壞也是有根本差別的。

你一定要明白——在這個現實世界裏，一個或是幾個關鍵朋友就是改變你命運的「大還丹」。這枚「大還丹」有再生的功效，能使自己的命運重寫、人生重塑！

019 「圈子」決定「位子」，儘早搭建自己的人脈圈

一個人由窮變富，由一文不名到功成名就，肯定有他的「人生大還丹」在起著奇妙作用。好的人脈就如一枚大補大救的大還丹，讓你在當今的社會打造金剛不壞之身。就算你處境惡劣，你的人脈也會幫你掃平障礙，打開通途，讓你的一生都明亮起來。

從現在開始，千萬不要再苛責上天的不公平了！比爾．蓋茲說，這個世界本來就是不公平的。你無法改變這個世界，你唯一能做的就是改變你自己！而改變自己，又從何改起呢？很簡單，先從改變自己身邊的朋友做起！因為，與何種人交往將會決定你成為何種人！

如果想讓自己成為一個優秀的人，結交高含金量的人必須是你奮鬥的重中之重。

當然，每一個人都想改變自己的命運，像別人一樣享受更高層次的生活。可是他們卻並沒有把人脈作為奮鬥的重點，反而去投機取巧，選擇了一個錯誤的方向，這樣南轅北轍，即便你努力一輩子，到頭來都只是竹籃打水一場空。其實，你的身邊隱藏著無數個機會，如果你能把握好這些機會，完全可以改寫自己的人生。

你或許會說，這樣的朋友我一個都不認識。那麼現在就開始改變吧，這個世界上的任何一個人你都可以認識，西方有句諺語說：「每個人距離總統都只有三個人。」這話不假，人跟人間的相識都是連鎖反應，沒有人你認識不到的，就這樣通過朋友的朋友一直認識下去，世界上根本沒有你認識不到的人！

所以，雖然你沒有顯赫的家世，沒有傲人的學歷，也沒有娶到億萬富豪的千金小姐，或是

嫁給身價過億的有錢男人，但是你還可以有第三種選擇，那就是從此刻開始累積自己的人脈，並將人脈的力量最大程度地發揮出來，這樣成功便難逃你的五指山！

越早搭建人脈圈，就越早成功

一般來講，凡是經商「經」出大動靜、做出非同一般成績的生意人，都對「人脈」情有獨鍾，他們明白人脈對事業成功的重要性，所以他們對自己的人脈打造傾注了大量的人力、物力和精力，而後的結果也證明，他們的做法是明智的。

曾任美國某大鐵路公司總裁的A·H·史密斯說：「鐵路的百分之九十五是人，百分之五是鐵。」這裏，「人」即「人脈」，鐵路的百分之九十五尚且是由人脈構成，那麼生意場中的哪一個步驟，哪一個環節又不是由人脈結絡而成的呢？所以，圈內也有了這樣一種說法：只要你學會了處理人際關係，打造起個人的強力人脈，你就在成功路上走了百分之八十五的路程，在個人幸福的路上走了百分之九十九的路程了。

中國人最講究的便是人和，人脈資源是最為重要的。如果你想獲得事業的成功，就要儘早建立自己的人脈資源網，越早搭建人脈網，就越早步入成功的殿堂。在你的人脈中，上有達官貴人，下有平民百姓，這樣，當你有喜樂尊榮時，會有人為你搖旗吶喊；當你有事需要幫忙時，有人為你鋪石開路，兩肋插刀。人脈的力量往往就是在這個時候體現出來的。

為什麼越早搭建人脈網，就能越早成功呢？這裏從以下幾個方面給大家進行分析：

一、人脈就是機遇

哈威從大學畢業那天就開始找工作。當時的大學畢業生很少，他自以為可以找到最好的工作，結果卻徒勞無功。好在哈威．麥凱的父親是位記者，認識一些政商兩界的重要人物，其中有一位叫查理．沃德。查理．沃德是布朗比格羅（Brown & Below）公司的董事長，他的公司是全世界最大的月曆卡片製造公司。四年前，哈威．麥凱的父親針對沃德的稅務問題做了一些公正的報導，因此沃德對他充滿了感激。

沃德問哈威．麥凱的父親是否有兒子。次日，哈威．麥凱打電話到沃德的辦公室，這一通電話改變了哈威．麥凱的命運。那不僅是一份工作，更是一份事業。四十二年後，哈威．麥凱成為全美著名的信封公司——麥凱信封公司的老闆。

二、「人脈」有多廣，情報就有多廣

在資訊發達的時代，擁有無限發達的資訊，就擁有無限發展的可能性。資訊來自你的情報網，情報網就是你的人脈網，人脈有多廣，情報就有多廣，這是你事業無限發展的平台。生意人最重要的情報來源是「人」。越是高端的經營人才，越重視這種「人脈情報」，越能為自己的發展帶來方便。

三、人脈是無形的資產

人脈資源是一種潛在的無形資產，是一種潛在的財富。從表面上看，它既不能當飯吃，也不能當錢花，但是聰明的人卻能夠撥開它的「外皮」，袒露其內裏，將之轉化成現實的財富，看得見的金子。所以說人脈既有形也無形，它的有形或無形要看是對哪一雙眼睛來說。所以，我們一定要讓自己做個眼睛明亮的人。

可以說，人脈資源是到達成功彼岸的不二法門。當你在一家公司打工時，你一定要清楚這一點，你在公司能取得的最大成就不是賺了多少錢，也不是得到了多大權，最重要的是你認識了多少人，結識了多少朋友，積累了多少人脈資源。這種人脈資源不僅對你在公司工作時有用，即使你以後離開了這個公司，也將在你的創業途徑中，發揮無與倫比的作用。擁有豐厚的人脈資源，你就會知道你在創業過程中一旦遇到什麼困難，該打電話給誰。

你所認識的每一個人都有可能成為你生命中的貴人，他們是你事業中也是你人生中最重要的顧客。如果你足夠聰明，就要讓自己做個有心人，隨時隨地注意開發你的人脈金礦。只要你善於開發，每一個人都會成為你的金礦，而你越早搭建自己的人脈網，你就可能越早成功！

人脈圈可以帶給你巨大財富

在你的「人生存摺」中，除了金錢、專業知識，你有多少富有價值的人際圈子？你的「人際競爭力」有多少？史丹佛研究中心曾經發表一份調查報告，結論指出：「一個人賺的錢，百分之十二點五來自知識，百分之八十七點五來自關係。」關係只是面對個別人的，而圈子卻是關係的擴大化。

提高身價就要與優秀的人爲伍

所謂的「近強則強」的道理，就是努力讓自己站到優秀的人群中去，主動去結交那些比自己優秀的朋友，終有一日，自己也會變得像他們一樣優秀。

偉大的人物才有偉大的友人，優秀的人才有優秀的朋友，這個道理適用於任何一個領域。也就是說，如果你想成為一個睿智的人，就去接近有才學的人，和他們成為朋友；如果你想成為一個富有的人，就去接近富商巨賈，和他們成為朋友。

結交一流人物能讓自己更強，經常與有價值的人保持來往，多會見成功立業的前輩，多與比自己優秀的人一起共事，同時迴避沒有價值的人際關係，這樣不僅能轉換一個人的機運，還會為你拓展人脈打通一條管道。

一位哲人曾經說：「讀萬卷書，不如行萬里路，行萬里路不如閱人無數，閱人無數不如與優秀的人舉箸。」與優秀的人為伍，不僅能在關鍵時刻助你一臂之力，更重要的是，你的身價也會在不知不覺中提高。

經營人脈存摺的六大原則

有些人認為，這是一個崇拜成功、需要成功的年代。為了成功，一批又一批的人前仆後繼，將所有的路都踏了個遍。後來人們終於發現，能最後走到成功跟前、與成功零距離接觸的人靠的都是自己，靠自己打造出來的知識、金錢、背景、機會……此刻也許你會說「這些，我現在一無所有」。事實上，你沒有這一切都沒有關係，只要一樣東西你能夠擁有，這些遲早都會手到擒來！這個東西就是一把打開財富大門的鑰匙。等你找到這把鑰匙，你就能成功地將這一切資源開啟。

這把鑰匙，就是人脈存摺。每個人都有自己的人脈存摺，但卻良莠不齊。為什麼會有這樣的差別呢？

這取決於人脈存摺的經營水準如何。那麼，我們該如何經營自己的人脈存摺呢？一般來講，經營人脈存摺有以下幾項黃金法則：

一、無規矩不成方圓

如果沒有規矩的約束，與朋友相處毫無原則可言，凡事都是「好好先生」，怎樣都行，那麼天長日久，再好的朋友，也會對你的惡習漸生鄙夷之心，對你們間的友情再無留戀之意。你的朋友之所以一直與你交好，是因為看重你的為人，你的個人品行，覺得你不是個人才，也必是個人物。但是你的毫無原則無疑會徹底打碎他心中對你所抱的任何幻想。所以，請先把你的原則性樹立起來。你必須與你交往的人脈在規矩和原則的前提下進行和發展，這樣才能長久保持前進的動力，才有力量去開創更加美好的未來。

二、摒棄個人英雄主義的分裂行徑

拳頭傷人之所以比手指傷人或者巴掌傷人疼得多，是因為當拳頭攥緊時，手上的全部力量都凝聚在拳心，所以它更強大；一隻腳站立容易跌倒，但用兩隻腳，就可以穩如泰山。如果一個人，能夠無往不勝，背後肯定有無數的支持者，這就是他的人脈團隊。一個強大的人脈團隊是堅決抵制個人英雄主義的分裂行徑的。現實社會沒有孤膽英雄，想做孤膽英雄，去小說裏做吧。現實的英雄，絕不可能只是個人，它應該是大家，是一個人脈團隊。

三、要有誠信

如今，是一個講誠信的時代，毫無誠信可言的那些人，哪怕憑藉偷樑換柱、小人行徑取得一時的風光，也只是曇花一現。當你建立起自己的人脈，你要用誠信去灌溉、去培植。因為一旦你撒了一個謊，你就必須要編造一百個謊言來圓這個謊。這一零一個謊言中的任意一個一旦被戳穿，結果只有一個，那就是你的所有朋友都將離你而去，你將成為孤家寡人。在誠信危機的厄運中，你面臨的將是破產和毀滅。

四、把錢拿出來，讓每個人都有得賺

互利共贏，無疑這是人脈合作的最高境界。一頓美餐，一個人獨自享用，倒不如把大家都請上桌，人人都吃得開開心心，並且在這樣開心的過程中，人人都賺到了錢，何樂而不為呢？互相謙讓，人人賺錢，再苦的日子，你也能過得像在天堂一樣恣意；如果你一味只知往自己嘴裏扒飯，往自己兜裏揣錢，那你只會越吃越瘦，越揣越窮，最後瘦得皮包骨頭，窮得錢包空空如也。所以，還是把錢都攏出來吧，每個人都可以賺得到。這次分得高興了，以後分錢的機會才會越來越多。

五、讓所有人都能喝到水

一個和尚挑水喝，兩個和尚抬水喝，三個和尚呢？答案竟然是沒水喝！這是對目前很多社會現象的寫真。當然與人合作，必然免不了會有問題和矛盾，但是鉤心鬥角、互相猜疑、推諉責任等等這些能解決問題嗎？這只會使問題更加嚴重化，最後大家都沒飯吃，沒水喝。「三個和尚政治」是引起內耗的重要原因，要避免這種現象，就須明確分工，詳細的負責制度將會有利於杜絕某些惡劣行為。

六、不要過早放棄，亡羊補牢，為時未晚矣

即使你再小心再小心，也無法完全避免失誤和失敗的產生，一旦某次交際失敗，與某個朋友「化友為敵」了，或是朋友間有了無可挽回的隔膜，這些問題都是交際過程中不可避免的。這時候，千萬不要過早放棄這個朋友或放棄某個交際圈，要知道「亡羊補牢，為時未晚」。無論事情到了怎樣糟糕的地步，只要不到最後時刻，仍然有補救的辦法。

第二章

人脈心法，擁有好人脈要懂交際心理定律

心理定律是人際交往中較為常見的心理現象和規律。
也是一個人的行為表現或行動作用之後，
引起其他人產生相應變化的因果反映或連鎖反應。
正確地認識、掌握並瞭解這些潛在的心理定律，
對於擁有好的人脈，具有非常重要的作用和意義。

首因效應：第一次見面一定要給人好感覺

一般來講，在日常的交往活動中，一個好的印象會讓交際活動更加順利。那麼怎樣才能給交往中的對方留下一個良好的交際印象呢？

有位心理學家做過這樣一個試驗：他分別讓一位身著西裝、戴金絲眼鏡、手持文件夾的青年學者，一位打扮入時、身材姣好的漂亮女郎，一位提著菜籃子、臉色疲憊、毫無神采的中年婦女以及一位留著怪異頭髮、穿著邋遢、帶著無數怪異首飾的男青年在公路邊搭車，結果是這樣的：漂亮女郎和青年學者的搭車成功率最高，中年婦女稍微有些困難，那個怪異的男青年一直就沒有搭到車。

這個實驗說明人們對待不同儀表的人的態度是不一樣的，大多數人認為不同的儀表就代表了不同的人，針對不同的人，人們隨之就會給予不同的待遇。這並不僅僅是以貌取人的問題。人們都瞭解在現代交際中第一印象的重要性，而經過研究發現，百分之五十以上的第一印象是由個人的外表造成的。你的外表是否乾淨整齊，這是讓你身邊的人決定你是否可信的一個重要條件，也是別的交際個體決定如何對待你的首要條件。

對這樣的首要條件，交際個體要好好注意一下。其實你很容易就可以給人留下一個好的印象，只需要幾秒鐘而已。中國有這樣一個傳統，在新年快要來臨的時候，要將屋子進行一次徹底地大掃除，同理，在社交活動中你也應該時刻修飾一下自己，檢查一下自己有沒有什麼不衛生、不整潔的地方，所謂「細節出魔鬼」，有時候你給你的交際對象留下不良印象的禍根就來自於一個小細節，而這個小細節說不定就關乎你的人生大事。

某位媒體策劃專家有這樣一句名言：**要給人留下一個好印象，你只需要七秒鐘**。

通過對大量事實的分析，學者們得以成功描繪出影響第一印象形成的一些重要的因素。

首先，**第一印象的形成有一半以上內容與交際個體的外表有關**。

當然，外表不僅僅是指美麗的臉蛋，體態、氣質、談吐以及衣著得體也很重要。所以當你要去參加某些社交活動時，首先要把自己的儀表收拾得得體一些。

其次，**第一印象有大約百分之四十以上的內容與交際個體的聲音有關**。

談話時的音調、語氣、語速、節奏都將直接影響第一印象的形成。因此，你應該在平時注意訓練自己的說話方式，並最好能讓自己的聲音充滿彈性。

最後，**第一印象中只有少於百分之十的內容與言語舉止有關**。

試驗顯示，當一個人見到一個陌生人時，這個人頭髮的樣式比其面部特徵更富有吸引力，髮型往往能吸引對方的注意。長髮透露著健康和優雅的氣質，短髮看起來自信而富有朝氣，自然、中長和沒有什麼特定款式的髮型則會給人留下智慧和真實的感覺。

此外，交際雙方握手時也能傳遞某些重要資訊。研究發現，那些握手時目光能夠和你直接接觸，手掌比較乾燥且堅定有力，可以自然擺動而不是軟弱無力、掌心潮濕、具有試探性的交際個體，不僅能讓別人對他感覺良好，還能取得別人的信任。

因此，在人際交往中，要想給對方留下一個良好的第一印象，一定要注意自己的衣著打扮、言談舉止以及個人形象。好印象不僅是打開人際關係大門的鑰匙，更是讓你登堂入室的一張門票。

誠信定律：熱情是焦點，真誠卻是最高點

通常情況下，在人們的交際中，誠信定律顯得尤為重要。俗話說：「人無信不立。」當你違背了誠信的原則時，便沒有人願意同你交往。誠實守信是一種道德品質和道德信念，是做人的最起碼要求，更是一種崇高的人格力量。社會交往是每個人必不可少的活動，而

誠實守信就是交往的名片，是人的最大的保護傘，最有力的護身符。

在喜馬拉雅山南麓，有個叫尼泊爾的小村子，很少有外國人涉足。後來，許多日本人到這裏觀光旅遊，據說這是源於一位少年的誠信。

一天，幾位日本攝影師請當地一位少年代買啤酒，這位少年為之跑了三個多小時。第二天，少年又自告奮勇地再替他們買啤酒。這次攝影師們給了他很多錢，但直到第三天下午那個少年還沒回來。於是，攝影師們議論紛紛，都認為少年把錢騙走了。

第三天夜裏，少年卻敲開了攝影師的門。原來，他在一個地方只購得四瓶啤酒，於是，他又翻了一座山，蹚過一條河才購得另外六瓶，返回時摔壞了三瓶。他哭著拿著碎玻璃片，向攝影師交回零錢，在場的人無不動容。這個故事使許多外國人深受感動。後來，到這兒的遊客就越來越多。

「誠信」是一個人的立身之本，也是人際交往維繫的重要德行。「誠信」作為一種道德要求，意思是誠懇老實，有信無欺。然而，許多人在市場經濟的大潮中迷失了自我，急功近利、弄虛作假、偽善欺詐，客觀上導致了人與人之間相互不信任，相互欺騙，嚴重扭曲了人與人之間的真誠坦白、和睦友善的關係，從而陷入懷疑一切的境地。

濟陽有個商人過河時船沉了，他抓住一根柱子大聲呼救，有個漁夫聞聲而至。商人急忙喊：「我是濟陽最大的富翁，你若能救我，給你一百兩金子。」待被救上岸後，商人卻翻臉不認賬了。他只給了漁夫十兩金子。漁夫責怪他不守信，出爾反爾。

富翁說：「你一個打漁的，一生都賺不了幾個錢，突然得十兩金子還不滿足嗎？」漁夫只得怏怏而去。不料想後來那富翁又一次在原地翻船了。有人欲救，那個曾被他騙過的漁夫說：「他就是那個說話不算數的人！」於是商人淹死了。

商人兩次翻船而遇同一漁夫是偶然的，但商人的死卻要歸咎於他自己。因為一個人若不守信，便會失去別人對他的信任。所以，一旦他處於困境，便沒有人再願意出手相救。失信於人者，一旦遭難，只有坐以待斃。

誠信是交往的基礎，是做人的根本。人如果沒有信用，是立不起門戶的，自然也很難立於人世間。失信不僅有損友誼，也會破壞生意上的關係。一個在商業上沒有信譽的人，是沒有人願意與他打交道的。

現在很多人都把交往的關注點集中在交往的技巧方面，其實這是捨本逐末，緣木求魚，難以達到搞好人際關係的最佳效果。因為誠信不足，儘管技巧高超，終究不過是得一時之逞，難以保持長久的友誼。而以誠信為本，雖交往技巧不足，也可以交到真心的朋友。

依靠誠信，一個人就可以腳踏實地、扎扎實實地打好自己的基礎，練好自己的「內功」，積累自己的資本，擴大自己的聲譽，不斷獲得自己應得的利益。誠信在短時期內不會使人「利益最大化」，但可以保證個人長期「風險最小化」。

秦末有個叫季布的人，一向說話算數，信譽非常高，許多人都同他建立起了深厚的友情。當時甚至流傳著這樣的諺語：「得黃金百斤，不如得季布一諾。」後來，他得罪了漢高祖劉邦，被懸賞捉拿。結果他舊日的朋友不僅不被重金所惑，而且冒著滅九族的危險來保護他，才使他免遭禍殃。

一個人誠實有信，自然是得道多助，能獲得大家的尊重和友誼。反過來，如果貪圖一時的安逸或小便宜，而失信於朋友，表面上是得到了「實惠」，但為了這點實惠他毀了自己的聲譽，而聲譽相比於物質要重要得多。所以，失信於朋友，無異於丟了西瓜撿芝麻，得不償失。

誠信是人際交往的需要，人是關係的存在物。人們只有結成一定的社會關係，才能從事物質生產和社會生活。一個人無論能力多麼強，多麼全面，也不能離群而居，也要依託於各種社會關係，也要進入各種人際關係。我們可以看到，沒有語言，人們之間就無法進行資訊、思想的交流；沒有貨幣，人們之間就無法擴大交換。我們還要看到，人的交往不僅需要符號性的仲介，而且需要制度性的仲介。

制度性的仲介既包括法律規範，也包括道德規範，而誠信就是貫穿於法律規範和道德規範之中的一條基本原則。個人遵循誠信規範，他才能像「信得過」產品一樣成為「信得過」的人，得到他人的信任，從而有效地進行社會交往。

在社會交往中，人們相互交換，相互幫助。只有誠信，才能建立與他人的交換關係，才能獲得社會關係為人們帶來的種種便利和好處。

讚美定律：讚美他人方能博得他人心

人際交往中，你如果樂於讚賞他人，善於誇獎他人的長處，那麼你的交往成功指數就會大幅度地提高。讚美是人際交往成功的一種重要能力，在適當的時間給予他人讚美，不僅可以使對方獲得信心和動力，還會讓對方因此而喜歡你，而你自己也將受益匪淺。

一位母親帶著孩子來到了心理學家的家裏，孩子的母親說：「我這個孩子幾乎沒有任何優點，讓我傷心透了。」於是，心理學家開始從孩子身上尋找某些他能給予讚許的東西。結果他發現這孩子喜歡雕刻，並且工藝很巧妙，而在家裏他曾因在傢俱上雕刻而受到懲罰。

心理學家便為他買來雕刻工具，還告訴他如何使用這些工具，同時讚美他：「你知道，你雕刻的東西比我所認識的任何一個兒童雕刻得都好。」不久，他又發現了這個孩子幾件值得讚美的事情。

一天，這個孩子使每一個人都大吃一驚：沒有什麼人要求他，他把自己的房子清掃一新。當心理學家問他為什麼這樣做時，他說：「我想你會喜歡。」

人類本性上的需求之一是期望被讚美、欽佩、尊重。希望得到尊重和讚美，這如同食物和空氣一樣對我們很重要。馬斯洛的需求層次理論也指出，人在溫飽之後，最希望得到的就是「自我實現」。可見，喜歡被讚美是每個人的天性。聽到別人讚揚自己的優點，就會覺得自身價值得到了肯定。

在一家餐廳裏，有兩位客人同時向老闆娘要求增添稀飯時，一位是皺著眉頭說：「老闆，你為什麼這麼小氣，只給我這麼一點稀飯？」結果那位老闆也皺眉說：「我們稀飯是要成本的。」還加收他兩碗稀飯的錢。另一位客人則是笑著說：「老闆，你們煮的稀飯實在太好吃了，所以我一下子就吃完了。」結果，他拿到一大碗又香又甜的免費稀飯。

人在被讚美時，心理上會產生一種「行為塑造」，我們會試圖把自己塑造成具有某種優點的人。並且，這種塑造有心理強化作用，會不斷鼓勵自己向著某個好的方向發展，真正具備人們口中的某些優點。正是在這種自我塑造的過程中，我們產生了一種不斷前行的力量。

讚美他人，是我們在日常溝通中常常碰到的情況。要建立良好的人脈圈，恰當地讚美別人是必不可少的。事實上，我們每個人都希望自己的工作或所取得的成果受到別人的讚美。

人人都喜歡被讚美。美國著名社會活動家曾推出一條原則「給人一個好名聲」，讓他們去達到它。他們寧願做出驚人的努力，也不會使你失望，因為讚美是不會被人們拒絕的。清朝出現過一部《一笑》的書，裏面記載了這樣一則笑話：

古時有一個說客，當眾誇口說：「小人雖不才，但極能奉承。平生有一願，要將一千頂高帽子戴給我最先遇到的一千個人，現在已送出了九百九十九頂，只剩下最後一頂了。」

一長者聽後搖頭說道：「我偏不信，你那最後一頂用什麼方法也戴不到我的頭上。」

說客一聽，忙拱手道：「先生說的極是，不才從南到北，闖了大半輩子，但像先生這樣秉性剛直、不喜奉承的人，委實沒有！」

長者頓時手捋鬍鬚，洋洋自得地說：「你真算得上是瞭解我的人啊。」

聽了這話，那位說客立即哈哈大笑：「恭喜恭喜，我這最後一頂帽子剛剛送給先生您了。」

這只是一則笑話，但它卻有深刻的寓意。其中除了那位說客的機智外，更包含了人們無法拒絕讚美之辭的道理。之所以如此，最主要的原因便在於讚美他人能滿足他們的自我。如果你能以誠摯的敬意和真心實意地讚揚滿足一個人的自我，那麼任何一個人都可能會變得更令人愉快、更通情達理、更樂於協力合作。

美國的一位學者這樣提醒人們：努力去發現你能對別人加以誇獎的極小事情，尋找你與之交往的那些人的優點，那些你能夠讚美的地方，要形成一種每天至少五次真誠地讚美別人的習慣，這樣，你與別人的關係將會變得更加和睦。

讚美他人能溝通自己與他人的感情。特別是當你與他人產生隔閡時，關心對方，注意和肯定他人的長處，是消除這種隔閡最有效的方式。另外，對於自己不太親近的人，恰到好處地給予讚美，也會使雙方增加親近感，建立更進一步的人際關係。

讚美可以使人們的關係親近，同時，讚美他人還可以反過來激勵自己。被人讚美的，肯定是有他的長處。而在發現他人的優點和長處的同時，我們也會發現自己的差距，並促使自己努力趕上去。所以讚美他人，在鼓勵他人進步的同時自己也會得到進步，這就是前面所說的讚美他人，自己也可以獲得多方面的回報。

當然，讚美別人並不是隨意附和，更不是信口開河，那種毫無顧忌的讚美只會令人生厭，在我們運用讚美定律時應遵循以下幾個原則。

真誠。讚美別人要出於真誠，所講的內容是對方確實具有的或即將具有的優秀品質或特點，而不要口是心非，讓對方感覺你言不由衷或另有所圖。比如如果你誇獎一位身材矮小的男士長得魁梧，恐怕就會出現「拍馬屁拍在蹄子上」的情況。

迎合對方的心理需求。你所讚美的內容應是對方感興趣或是能夠引起對方興趣的，如稱讚已婚女性身材苗條，讚揚老年人身體硬朗，說孩子聰明伶俐，這些都能起到良好的作用。

讚美的話要具體。讚美的話切忌模糊籠統，否則就會給人以敷衍了事的感覺。我們要通過細心地觀察，然後發出肺腑之言，對方才會滿意接受。

面子定律：會給人面子的人善交際

鐘斯好不容易找到了一份在高級珠寶店做售貨員的工作。雖然不是什麼好工作，但已是非常難得了，所以，鐘斯格外珍惜這個機會。

一天，鐘斯在整理戒指時，瞥見另一邊櫃檯前站著一個男人，高個頭，白皮膚，年齡大約三十歲，但他臉上的表情嚇了鐘斯一跳，這幾乎就是這不幸年代的貧民縮影：一臉的悲傷、憤怒、惶惑，好像一隻掉進陷阱中的野獸，剪裁得體的法蘭絨服裝已經襤褸不堪，訴說著主人的遭遇。他用一種企盼而絕望的眼神，盯著那些寶石。

鐘斯的心中因同情而湧起一股莫名的悲傷，這時電話鈴響了，鐘斯急忙去接電話，當她急急忙忙跑出來時，衣袖碰落了一個碟子，六枚精美無比的鑽石戒指滾落到地上。鐘斯慌忙四處尋找，撿起了其中的五枚，而第六枚卻怎麼也找不到。

鐘斯想，一定是滾落到櫥窗的夾縫裏，就跑過去細細搜尋。沒有！她突然瞥見那個高個男子正向出口走去。頓時，鐘斯知道戒指在哪兒了，碟子打翻的一剎那，他正好在場！

當男子的手將要觸及門把時，鐘斯柔聲叫住了他：「對不起，先生！」那男子轉過身來，兩人相視無言，足足過了有一分鐘。「什麼事？」他問，臉上的肌肉在抽搐。

鐘斯深知在這個社會上生存有多麼艱辛，還能想像得出這個可憐人是以怎樣的心情看待這個社會：一些人在購買奢侈品，而他卻食不果腹。

「先生，這是我的第一份工作，現在找份工作很難，不是嗎？」鐘斯神色黯然地說。

男子久久地審視著她，終於，一絲柔和的微笑浮現在他的臉上。「是的，的確如此。」他回答，「但是我能肯定，你一定會做好這份工作。」停了一下，他向前一步，把手伸給了鐘斯：「我可以為你祝福嗎？」鐘斯也立刻伸出手，兩隻手緊緊地握在一起，她用低低的但十分柔和的聲音說：「也祝你好運！」

男子轉過身，慢慢走了出去，鐘斯目送他的身影漸漸遠去，轉身來到櫃檯，把手中握著的第六枚戒指放回原處。

這是一個美國《讀者文摘》發表的《第六枚戒指》的感人故事。這個故事告訴我們：給對方一個台階，讓對方不失面子是多麼的重要。

面子定律是指在社會交往中，要懂得尊重對方，特別是在公開的場合，不要為一些不觸及原則的小事情而讓對方覺得顏面盡失。

很多人可以吃悶虧，也可以吃明虧，但就是不能吃沒有面子的虧，這就是人們都有保全自己面子心理的原因。要想在人際交往中遊刃有餘，就必須瞭解這一點。這也就是很多聰明的人不輕易在公開場合說一句批評別人的話的原因。寧可高帽子一頂頂地送，這樣既保住了別人的面子，別人也會如法炮製，還你面子，彼此心照不宣，盡興而散。

有一位文化界的學者，他每年都會受邀參加某單位的雜誌評鑑工作。這工作雖然報酬不多，但卻有很高的榮譽，許多人想參加卻找不到門路，也有人只能參加一兩次，就再也沒有機會了。問他為何年年有此「殊榮」，他在年屆退休，不再參加此項工作後才公開秘訣。

他說，他的專業眼光並不是關鍵，他的職位也不是重點，他之所以能年年被邀請，是因為他很會給面子。他說，他在公開的評審會議上一定把握一個原則：

「多稱讚、鼓勵而少批評，在公開場合要給人家面子，不能在大庭廣眾之下把人家批判得一無是處。當然，我也不是只做表面文章盡說大話，在會議結束之後，我會找來雜誌的編輯人員，私底下告訴他們編輯上的缺點。」

因此雖然雜誌有先後名次，但每個人都保住了面子。因為他顧慮到別人的面子，因此無論是承辦該項業務的人員還是各雜誌的編輯人員，大家都很尊敬他、喜歡他，當然也就找他當評審了！

現實生活中，有些人常犯的毛病是，自以為有見解，有口才，一有機會就大發宏論，不給別人留絲毫的面子，把別人批評得臉一陣紅一陣白，他自己則大呼痛快。其實這種舉動正是為自己日後埋下了禍端，總有一天會吃到苦頭。

給人面子並不難，像上述的那位學者一樣，懂得有一定分寸和場合的讚揚和批評。既堅持原則性，也要講究靈活性，既堅持真理，也不能得理不饒人，也要給人以面子，只有這樣，自己才能夠有面子。

通用電器公司曾經很好地處理過一件棘手的事情，既給了員工面子，又很好地協調了工作。那時候，他們面臨一項棘手的工作：對某一部門主管的工作進行變動。有一位職員在電器方面是一個天才，但擔任計算部門主管卻徹底失敗。為了順利完成崗位置換又保全這位員工的面子。於是他們給了他一個新頭銜。他們讓他擔任「通用電器公司顧問工程師」，這項工作還是和以前一樣，只是換了一項新頭銜——並讓其他人擔任部門主管。

這位職員十分高興。通用電器公司的上層人員也很高興。公司已溫和地調動了這位「最暴躁的大牌明星職員」，而且他們這樣並沒有引起一場大風暴——因為公司讓他保住了他的面子。

保住別人的面子，就是給別人一個悔改的機會。人人都有自尊心和虛榮感。但很多人卻總愛掃別人的興，出言不遜，或做法過激，當場令同事面子掛不住，以致撕破臉皮，互不相讓，翻臉成仇。但是多一個朋友總比多一個敵人要好得多，因此，人際交往中一定要懂得他人的感受，不要把事情做絕，給他人面子也是給自己留有餘地。

即使別人犯了錯，而我們是對的，也要給別人保留面子，否則會毀了一個人。時時想到保留他人的面子，這是何等重要的問題！而我們卻很少有人考慮到這個問題。許多人常常喜歡擺架子、我行我素、挑剔、恫嚇，在眾人面前指責別人，卻沒有考慮到是否傷了別人的自尊心。

只要為他人設身處地想一下，就可以緩和許多不愉快的場面。實際上，如果你是個對別人面子無所謂的人，那麼你必定是個不受歡迎的人；如果你是個只顧自己面子，卻不顧別人面子的人，那麼你注定有一天成為吃虧的人。

《聖經．馬太福音》中說：「你希望別人怎樣對待你，你就應該怎樣對待別人。」真正有遠見的人不僅懂得人際交往中為自己積累最大限度的人緣，同時也會給對方留有相當大的迴旋餘地。給別人留點面子，實際也就是給自己掙面子。

謊言定律：交往要會說善意的謊言

謊言定律，人們往往會在人際交往中不自覺運用到。它指的是從善意的角度出發，減輕不幸者的精神痛苦，幫助其重振生活的勇氣，即使此人以後明白了真相，也會心存感激，不會埋怨。如果當時半信半疑，甚至明知是謊話，通情達理者仍會感到溫暖、寬慰。明知會加重對方的精神痛苦，但仍要實言相告，即便不算壞話，也該算是蠢話。在人際交往的過程中，謊言定律有的時候是一種非常巧妙的手法，巧妙地撒個不傷害人的謊言，於人於己都有益處。

美國前總統吉米．卡特的母親莉蓮．卡特經常受到記者的打擾。一天，莉蓮正在家裏做家務。突然，她聽見門鈴響了，進來的是一位記者。

「見到您非常高興。」莉蓮說。

記者向她問好後，馬上切入了正題：「您的兒子到全國各地去演講，並告訴人們，如果他曾經撒過謊，就不要選他。您能不能如實地告訴我，您的兒子是不是從未撒過謊？我想您最瞭解您的兒子了。」

「說過，但那都是善意的謊言。」莉蓮不慌不忙地說。

「什麼是善意的謊言？能舉個例子嗎？」記者又問。

「比如說，您剛才進門的時候，我說『見到您，十分高興』。」莉蓮答道。

記者聽後，馬上起身告辭。

在以上的那則故事當中，莉蓮．卡特巧妙地運用了謊言定律。

還有這麼一則故事：

劉海家添了個孫子，在擺滿月酒的那天，來了許多賀喜的賓客。

鄰居李強說：「令孫將來一定福祿壽全、飛黃騰達、富貴榮華、光宗耀祖。」

鄰居趙四說：「人都是一樣的，這孩子將來也會長大、變老、死去！」

李強受到熱烈的歡迎，被待為上賓，而趙四則受到客人的鄙視、主人的忌恨與冷遇。

難道趙四說的不是實話嗎？當然是實話，可是實話有時候是很難聽的。相反，李強說的極有可能是假話，一個人「福祿壽全」是很難的，但就是假話討得了主人的歡心，因為主人正是這麼期望的。

其實人的一生離不開謊言，因為社會進入文明化的運行機制後，謊言自然而然也就產生了。生活中，在有些情況下，就會出現一些必要的謊言。在一些非常時候，甚至只有說謊，事情才能夠更為完滿。

人生的道路不平坦，逆境常多於順境。身處逆境，面對不幸，當事者不僅需要堅強，也迫切需要別人的勸慰。而此時及時送上真誠的安慰，必要時說上幾句謊言，也都如雪中送炭，能給不幸者以溫暖、光明和力量。例如，對於身患絕症的病人，只能把病情如實告訴其家屬，而對其本人，則應重病輕說。如果謊言喚起了他對生活的熱愛，增強了他對病魔鬥爭的意志，就有可能使其生命延續得更長久，甚至戰勝死神。

《最後一片葉子》是美國作家歐．亨利的一篇短篇小說，它的故事是這樣的：

在某醫院的一個病房裏，身患重病的病人房間外有一棵樹，樹葉被秋風一刮，一片一片地掉落下來，一位病人望著落葉蕭蕭、淒風苦雨，身體也隨之每況愈下，一天不如一天。她想：當樹葉全部掉完時，我也就要死了。一位老畫家得知後，被這樣悲情的故事深深打動了，他用畫的樹葉去裝飾樹枝，使那位瀕臨死亡的女病人堅強地活了下來。

這是一篇小說，讀起來我們可能覺得會有點誇張，但現實生活中，類似這樣的事例應當是不少的。這種謊言，就是生活中善意的謊言。沒有這個謊言，那位女病人就會死去，要救活她，只能製造謊言。

大學教授們經常要給自己的學生寫推薦信，這些推薦信可能是用來向國外學校申請獎學金，可能是用來到人才市場參與激烈的職業競爭。如果學生的確是頂尖的人才，那便不必多說，照實寫來就是了。倘若教授誠實地指出該學生不是出類拔萃的頂尖人物，通常接受推薦的一方就可能理解為該學生是個差勁的學生。如果這樣做，他可能傷害到這個學生，使其失去深造的機會或難以找到工作，甚至對其一生的命運都會產生不良的影響。所以，教授們提筆寫推薦信的時候，必然在其中誇大學生的成績和能力。可能有人會覺得這是在撒謊，但這樣的謊言在生活中並不少見，而且被人們反覆地運用。

有句話說：「適當的謊言是權宜之計。」由此可知，在某些場合還是有必要說謊的，這種例子，隨處可見。有時，謊言不一定全是壞話。人與人相處是沒有絕對誠實的，有時謊言和假像更能促進友情和愛情。

很久以前，有一個女孩一生下來眼睛就失明了。黑暗是她唯一的主題，世間的美麗和醜陋她無法得知。

但她一直很快樂，因為母親說她是村裏最美麗的女子。而事實恰恰相反，她是村裏最醜陋的女子。但她並不知道，她只相信母親的話，所以，她快樂而驕傲地活著。

轉眼間，女孩到了出嫁的年齡，由於是瞎子，長得又醜，所以村裏沒有一個人願意娶她。經過母親的尋找和遊說，外村一個斷了一隻手的小夥子同意娶她。

女孩的母親說，她只有一個要求，不准小夥子說女孩長得醜，要誇獎女孩是村裏最漂亮的女子。小夥子一口答應下來。

洞房花燭夜，女孩問小夥子：「娘說，你是村裏面最英俊的人，是嗎？」

母親對女孩說：「孩子，我給你找了一個村裏面最英俊的小夥子。」

小夥子說：「是的。」

女孩又問：「娘說，我是村裏面最漂亮的女子，是嗎？」

小夥子響亮地說：「是的。你是村裏面最漂亮的女子。我愛你。」

女孩聽了小夥子的回答，臉上泛起了羞澀的紅暈。從此以後，女孩活得更加自信了，自己是村裏面最漂亮的女子，又嫁給了村裏面最英俊的小夥子，還有什麼比這更加幸福的事情呢。

又過了一段時間，女孩的母親去世了，而女孩給小夥子生下了一個小男孩。

善良的小夥子從小男孩懂事起就告訴他，不能說自己的母親長得醜，要說她是這個村裏最漂亮的女子。

女孩繼續活在美麗的謊言之中，母親的謊言、丈夫的謊言、兒子的謊言讓女孩的一生都充滿了幸福和甜蜜。

終於有一天，女孩老了，安詳地閉上了眼睛，臉上掛著滿足的笑容。

在別人眼中，女孩是一隻醜小鴨，而女孩自己卻活得像一個驕傲的公主。這就是善意的謊言的力量。

有這樣一句話：善意的謊言是美麗的。謊言具有神奇的力量，當我們為了他人的幸福和希望適度地撒一些小謊的時候，謊言即變為理解、尊重和寬容。父母的一句謊言，讓涉世不深的孩童臉龐美若鮮花，燦爛生輝；老師的一句謊言，讓彷徨學子不再困惑，更好成長……

把謊言作為在善意的基礎上進行交際的必要策略，這同醜惡的謊言、同為不可告人的目的而編造的謊言相比，兩者有著本質的不同。那種心術不正、詐騙、奸佞、誣陷的人遲早會搬起石頭砸自己的腳。而善意的謊言會倍添其人性魅力，使人們更敬他、愛他。

忍讓定律：忍讓才能創造人際和諧

在人際交往中，每個人都應該學會忍讓。忍讓可熄滅心頭的怒火，忍讓可消融封凍的江河。有了忍讓，你就不會是一介粗魯的武夫；有了忍讓，你就不會是一條莽撞的漢子；有了忍讓，天空就一片晴朗；有了忍讓，你就會有廣闊的人緣，人生道路就會無比寬廣。

有這樣一則寓言故事：

一天傍晚，獅子爸爸和兒子吃完晚飯，在草原上蹓躂。走著走著，突然發現前方來了一條瘋狗。獅子爸爸就對兒子說：「兒子，看見沒有，前面來了一條瘋狗，咱們趕緊避一避，撤到草叢後面去吧。」

兒子聽了爸爸的話很不情願，因為在牠看來，那條瘋狗根本就不足以對牠們構成任何威脅，但牠還是被獅子爸爸推到了草叢後面躲了起來，讓這條瘋狗大搖大擺地走了。

從草叢後面出來後，獅子兒子滿臉的不高興，生氣地對獅子爸爸說：「大家都說您是百獸之王，其實您是一個膽小鬼，看見一條狗都怕，還算什麼百獸之王？」說完就要離開爸爸。

這時，獅子爸爸叫住了兒子，說：「兒子，別生氣，聽爸爸跟你解釋：第一，爸爸如果打贏了這條瘋狗，能得到什麼好名聲嗎？別人會說我以強凌弱，毀了我一世的英名，是不是？」

兒子點了點頭。

爸爸接著說道：「第二，如果在打瘋狗的過程中被瘋狗咬了一口，麻煩就大了，是不是？」

兒子又點了點頭。

獅子爸爸接著說：「我們躲避一下，讓瘋狗過去，兩不相傷，大家都好。兒子，你今後一定要記住了，不是你強大就可以與誰都打仗的，明白忍讓才能避免受到傷害，才是真正的強者，知道了嗎？」

兒子高興地說：「知道了，爸爸真聰明！」

忍讓是一種素質、一種美德、一種胸懷。忍讓是創造和諧人際關係的基礎，與我們一起相處的人，因為年齡有大有小，經歷不同，性格各異，隨時都會有矛盾和糾紛。遇事忍讓，明他人之長、知他人之短、容他人之過，才能和睦相處。吃不得虧、受不了氣，一件小事就耿耿於懷、小題大做，甚至大打出手，這不但不利於解決問題，不利於化解矛盾，而且也不利於自己的身心健康。

無論是對人對己，忍與不忍事關重大，忍則心平身安，不忍則禍及身家。所謂「一忍百事成，百忍萬事興」說的就是這個道理。

忍讓與克制的反面：憂慮、煩躁、憤怒、毫無意義的斤斤計較等，這都是些毫無益處，只能使我們更重要的追求受到阻礙的不良情緒。對於一些瑣碎的煩惱，如果斤斤計較於其中，那將浪費我們很多的時間與精力。對這些討厭的壞情緒，我們要學會忍受與克制。

中國人發明了一個「忍」字，那是心字頭上一把刀，言簡意賅。因為人的秉性不一樣，一旦產生摩擦，如果不懂得忍讓，就會撕破臉皮甚至大動干戈，這是為人處世的大忌。「忍一時風平浪靜，退一步海闊天空」。在這個世界上，沒有解不開的疙瘩，也沒有化不了的矛盾。只要彼此都做到體諒，自然會撥雲見日，雨過天晴。

有一對夫婦，他們的婚姻正瀕於破裂的邊緣。為了重新找回昔日的愛情，他們打算做一次浪漫之旅，如果能找回就繼續生活，如果不能就友好分手。

不久，他們來到一條山谷，這是一條東西走向的山谷。山谷很平常，沒什麼特別之處，唯一能引人注意的是，它的南坡長滿松、柏等樹，而北坡只有雪松。

這時，天上下起了大雪。他們支起帳篷，望著紛紛揚揚的大雪，由於特殊的風向，北坡的雪總比南坡的雪來得大，來得密。不一會兒，雪松上就落了厚厚的一層雪，不過當雪積到一定的程度，雪松那富有彈性的枝、就會向下彎曲，直到雪從枝上滑落。這樣反覆地積，反覆地彎，反覆地落，雪松完好無損。可其他的樹，因沒有這個本領，樹枝被壓斷了。南坡由於雪小，總有些樹挺了過來，所以南坡除了雪松，還有柏樹等樹木。

帳篷中的妻子發現這一現象，對丈夫說：「北坡肯定也長過雜樹，只是不會彎曲才被大雪壓毀了。」

丈夫點頭同意。過了片刻，兩人像是突然明白了什麼似的，相互擁抱在一起。

丈夫興奮地說：「我們發現了一個秘密——對於外界的壓力要盡可能地去承受，在承受不了的時候，學會彎曲一下，像雪松一樣讓一步，這樣就不會被壓垮。」

大自然中的樹如此，生活中的人亦如此。彎曲中蘊涵著豐富的哲理，它並不是倒下和毀滅，而是順應和忍耐。可見，交往中大家互相之間多忍讓一些，多承受一些，懂得彎曲，會給我們的生活帶來一種超脫，最終總能見到燦爛的陽光。

異性效應：男女之間具有相互吸引作用

在人際關係中，異性接觸會產生一種特殊的相互吸引力和激發力，並能從中體驗到難以言喻的感情追求，對人的活動和學習通常起積極的影響，這種現象稱為「異性效應」。

某服裝廠的一加工車間，幾百人清一色的為女性，車間主管也是女性，她們經常無緣無故地爭吵，關係極度緊張，嚴重影響著工作與她們的生活。

後來調入一些男工，並在管理人員當中也適當地增加了一些男性，結果爭吵減少，關係變得融洽，工作效率也有了極大提高。同時還發現男女職工在衣著打扮上也發生了新變化，乾淨的多了，邋遢的少了。這也許就是我們通常說的「男女搭配，幹活不累」的道理。

異性效應形成的原因與男女之間的生理和心理特點有關。在生理上，男性女性的體力及耐力之間存在著差異，可以互補。在心理上，女性一般更細心，更有耐心，也可以互補。從感情方面，也需要異性。從人的自尊心來講，每個人都好面子，特別是在異性面前，因此，男女搭配更能提高工作效率。異性效應是一種普遍存在的心理現象，這種效應尤以青少年為甚。

由於「異性效應」，青春期的男女學生都希望引起異性的關注，都希望能以自己某些特點或特長受到異性的青睞，其表現是有兩性共同參加的活動，較之只有同性參加的活動，參加者一般會感到更愉快，幹得也更起勁、更出色。因為當有異性參加活動時，異性間心理接近的需要得到了滿足，因而會使人獲得程度不同的愉悅感，並激發起內在的積極性和創造力。

當然，在與異性交往中，不能濫用「異性效應」。女性外表漂亮，討人喜歡，如果再加上交往得當，在異性面前辦事容易，這是正常的；反之，若為達到某一目的，用色相去引誘別人，那就不道德了。男性對異性，尤其是年輕漂亮的異性熱情些、客氣些也無可非議，但對異性圖謀不軌，想入非非，就超越了正常交往的界線了。因此，與異性交往中要把握好分寸，適可而止，恰到好處。

互惠定律：交往要讓對方產生負債感

一般在人際交往過程中，為什麼我們明明不喜歡某個人，卻對他提出的要求無法拒絕？為什麼很多超市總喜歡提供「免費試用」、「免費品嘗」？一切就在於互惠定律。

互惠定律就是受人恩惠就要回報，這在所有的社會組織中都是不可缺少的元素，而且在每一個社會組織中都運用得非常普遍，幾乎遍佈每一種交換形式中。

互惠定律可以讓人們答應一些在沒有負債心理時一定會拒絕的請求。因此其威力也就在於：即使是一個陌生人，或者是一個不討人喜歡或不受歡迎的人，如果先施予我們一點小小的恩惠然後再提出自己的要求，就會大大提高我們答應這個要求的可能性。

這個使我們產生負債感的恩惠，並不一定是我們主動要求的，它可能是強加到我們頭上的。而即使這個好處是不請自來的，這種負債的感覺還是照樣存在。當我們接受恩惠的時候，我們也就削弱了自己的選擇能力，就把決定我們會對誰負債的控制權交到了別人的手裏。

所以很多時候，真正的選擇權都在主動施予恩惠的人手裏：他選擇了最初的恩惠，他也選擇了恩惠被回報的方式。

心理學家做過一個實驗，在這個實驗中，一個實驗對象被邀請參加所謂的「藝術鑒賞」，也就是與另一個實驗對象一起給一些油畫評分，另一個實驗對象呂其實是假扮的，他的真實身分是實驗主持者的助手。

為了達到目的，實驗在兩種情況下進行。第一種情況，呂主動給那個真正的實驗對象送了一個小小的人情：在中場休息時，他出去了幾分鐘，然後帶回來兩瓶可樂，一瓶遞給了實驗對象，另一瓶留給了自己，並對實驗對象說：「我問他們（主持實驗的人）能不能買瓶可樂回來，他們說沒問題，所以我也給你帶了一瓶。」在另一種情況下，呂沒有給實驗對象任何小恩小惠，而別的方面，呂的表現全都一樣。

在給所有的畫打完分以後，主持實驗的人暫時離開了房間。這時，呂要實驗對象幫他一個忙，他說他在賣彩票，如果他賣的彩票最多，就能得到五十塊錢的獎金。他請實驗對象幫忙買一些兩毛五分錢一張的彩票，並說：「買幾張都行，當然是越多越好了。」

這才是實驗的真正目的：比較兩種情況下實驗對象從呂那裏購買的彩票數量。毫無疑問，那個先前接受了呂的可樂的人更願意購買彩票。因為他覺得自己欠了呂什麼東西，因此他購買的彩票是另一種情況下的兩倍。這就是互惠定律產生的效果。

為什麼互惠定律有如此威力？關鍵就在於那種令人難以忍受的負債感。由於互惠定律對人類社會的進步起到了很大的作用，這種負債感對每一個人來說都是一副迫不及待要卸下的重擔。一旦受惠於人，就如同芒刺在身，渾身都不自在。而我們之所以會痛痛快快地給出比我們所收到的多得多的一切，就是為了儘快使自己從這樣的心理重壓下獲得解放。

從另一方面來說，一個人如果接受了別人的恩惠卻不打算回報，在社會群體中是極不受歡迎的。當然，如果是由於條件或能力不允許而不能回報人家的恩惠，也並不是完全不可能得到大家的諒解，但一般來說，整個社會對不遵守互惠定律的人的確都有一種發自內心的厭惡。

超市的「免費試用」就更是一種利用互惠定律的有效行銷策略了。

超市一般的做法是把很少量的有關產品提供給潛在的顧客，據說這樣做的目的是讓他們試一下看自己到底喜歡不喜歡這個產品，但實際上免費試用的妙處在於，免費試用品也是一種禮品，因此可以把潛在的互惠定律調動起來。

在安利公司，還有另外一種形式的免費試用策略：一種叫做「霸格」的方法，就是一組各種各樣的安利產品，推銷員們把這些東西用一個特製的盤子或是塑膠袋裝著帶到顧客家裏。

在安利內部流通的保密手冊中，推銷員被告知把「霸格」留在顧客處「廿四、四十八或七十二小時，不收任何費用，不要讓主婦有任何思想負擔，只是告訴你想要她使用這些產品……沒有人會拒絕這個提議。」

而那些接受並使用了「霸格」的顧客則陷入了一個不得不面對互惠定律的尷尬境地。很多顧客在他們的負債感面前乖乖投降，買下了那些他們已經試用了的一部分產品。

互惠定律概括起來就是一種行為應該用一種類似的行為來回報。但「類似行為」是一個很廣泛的概念，在這個範圍之內到底應該採取什麼行動也還是有相當大的靈活性，因此一個小小的人情造成的負債感，也會導致人們報以一個大出好多倍的好處回贈。

在人際交往中要熟練掌握這一原理，懂得了人們的這種心理，你就會擁有不錯的人際關係。

第三章

人脈博弈，獲得好人緣的人脈修煉術

想在人脈圈中獲得好人緣，就要懂得與人交往的人脈修煉術，
善於洞悉別人的心理，盡可能滿足和適應對方的交際需求。
讓別人對你產生興趣，彼此才有進一步交往的可能。
能夠帶給別人更多感興趣的需求和快樂，你就會立馬擁有好人緣。

好口才可以贏得好人緣

在如今這個社會的大舞台中，每個人都想讓自己有一個好的人緣，能夠贏得人生更多的掌聲與喝彩。這不僅需要在不斷的歷練中充分認識自己，把握規律，還要靠良好的人際關係的幫助與支持。

佛蘭克林曾經說過：「成功的第一要素就是懂得如何搞好人際關係。」這種良好的人際關係就是「好人緣」。

口才是交往的工具，是才智的發揮。好口才是做人最寶貴的財富，會說話就能會做人，會做人才會擁有好人緣。常言道：「遇一知己，人生足矣；得人心者，天必助之。」自古以來，得道多助，失道寡助。得人緣者定輸贏，得人心者得天下。

在《三國演義》中有這樣一個情節：為救劉阿斗，趙雲在敵陣中七進七出，血染戰袍。為了安撫趙子龍，劉備怒摔阿斗，忿忿地說：「為一孺子，險折我一員大將！」劉備這一言一行，充分顯示了他會收服人心，會說話的高超技巧，也因此博得了趙子龍一生「肝腦塗地」般的忠誠追隨。也正是憑著這一點，劉備旗下才會聚集這麼多忠肝義膽的英雄豪傑。

但關羽在結交人緣方面就差了許多。當他得知黃忠也被封為「五虎大將」時，就忿然道：「黃忠何等人，敢於吾同，大丈夫終不與老卒為伍。」關羽駐守荊州時，孫權派諸葛瑾替自己的兒子向關羽的女兒求親。關羽勃然大怒：「虎女安肯嫁犬子乎。」孫權派陸遜鎮守陸口，陸遜差人給關羽送禮，關羽竟當著來使的面說孫權「見識短淺，用此孺子為將。」關羽的傲慢和目空一切，使得他的語言如一把利刃深深地傷害了每一位願與他交好的人。這也為他失荊州，走麥城，人頭落地的悲劇命運埋下了伏筆。

好口才不僅是伶牙俐齒，更是打動人心；不僅是能言善辯，更是慧語良言；不僅是口若懸河，更是聲情並茂；不僅是唇槍舌劍，更是風趣幽默。即使你才華橫溢也必須在交流中讓人感知；即使你聰慧過人，也要在談吐中讓人瞭解。好口才是人生的必需，是事業的保證，也是廣結好人緣的最有效的橋樑與紐帶。那麼我們如何做才能擁有好的人緣呢？

一、詼諧幽默亦有情

人人都喜歡和機智風趣、談吐幽默的人交往，而不願同動輒與人爭吵，或者鬱鬱寡歡、言語乏味的人來往。幽默，可以說是一塊磁鐵，以此吸引著大家；也可以說是一種潤滑劑，使煩惱變為歡暢，使痛苦變成愉快，將尷尬轉為融洽。

美國作家馬克．吐溫機智幽默。有一次他要去某小城，臨行前別人告訴他，那裏的蚊子特別厲害。到了那個小城，正當他在旅店登記房間時，一隻蚊子正好在馬克．吐溫眼前盤旋，這使得旅店職員不勝尷尬。馬克．吐溫卻滿不在乎地對職員說：「貴地蚊子比傳說的不知聰明多少倍，牠竟會預先看好我的房間號碼，以便夜晚光顧、飽餐一頓。」大家聽了不禁哈哈大笑。結果，這一夜馬克．吐溫睡得十分香甜。原來，旅館全體職員一齊出動驅趕蚊子，不讓這位博得眾人喜愛的作家被聰明的蚊子叮咬。幽默，不僅使得馬克．吐溫擁有一群誠摯的朋友，而且也因此得到陌生人們的「特別關照」。

二、見面寒暄總是情

寒暄在我國有著悠久的歷史，原指兩個人見面時談些天氣冷暖方面的應酬話。後來被作為見面時的「開場白」沿襲下來。到了現代社會，生活節奏越來越快，人們的關係愈來愈密切，寒暄就顯得尤為重要。寒暄是人們交際禮儀的基礎，是心與心的「黏合劑」。一句輕輕的「你好」，如久旱的甘露浸透心脾，一個真誠的微笑，如春風化雨般讓人陶醉。

三、會說謝謝情最美

生活中，人與人的關係最是微妙不過，常存一份感激之心，就會使人際關係更加和諧。

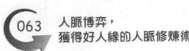

情感的紐帶因為有了感激，才會更加堅韌；友誼之樹必須靠感激來滋養，才會枝繁葉茂。「謝謝」不僅僅是一句禮貌用語，一句客套話，它已成為溝通人們心靈的橋樑。「謝謝」要發自內心，要真誠，要態度認真，面帶微笑。

四、真誠讚美情意濃

林肯曾經說過：「每個人都喜歡讚美。」讚美之所以得其殊遇，一在於其「美」字，表明被讚美者有卓然不凡的地方；二在於其「讚」字，表明讚美者友好、熱情的待人態度。人類行為學家約翰．杜威也說：「人類本質裏最深遠的驅策力就是希望具有重要性，希望被讚美。」因此，對於他人的成績與進步，要肯定，要讚揚，要鼓勵。當別人有值得褒獎之處，你應毫不吝嗇地給予誠摯的讚許，以使得人們的交往變得和諧而溫馨。

歷史上，大衛和法拉第的合作是一個典範。這份情緣的取得少不了法拉第對大衛的真誠讚美。法拉第未曾與大衛相識前，就給大衛寫信：「大衛先生，您的講演真好，我簡直聽得入迷了，我熱愛化學，我想拜您為師……」收到信後，大衛便約見了法拉第。後來，法拉第成了近代電磁學的奠基人，名滿歐洲，他也總忘不了大衛，說：「是他把我領進科學殿堂大門的！」

可以說，讚美是友誼的源泉，是一種理想的黏合劑，它不但會把老相識、老朋友團結得更加緊密，而且可以把互不相識的人連在一起。

五、噓寒問暖真情在

人是需要關懷和幫助的，尤其要十分珍惜自己在困境中得到的關懷和幫助，並把它看成是「雪中送炭」。幫助別人不一定是物質上的幫助，簡單的舉手之勞或關懷的話語，就能讓別人產生久久的激動。比如說，當我們遇到認識的朋友、同事，可以根據他（她）當時的神情、著裝、情緒狀態揣摩對方的行為動向，並抱著關切態度詢問一下。

六、同頻共振情誼長

俗語說：「兩人一般心，無錢堪買金；一人一般心，有錢難買針。」聲學中也有此規律，叫做「同頻共振」，就是指一處聲波在遇到另一處頻率相同的聲波時，會發出更強的聲波振盪，而遇到頻率不同的聲波則不然。人與人之間，如果能通過溝通尋找共鳴點，使自己的「固有頻率」與別人的「固有頻率」相一致，就能夠使人們之間增進友誼，發生「同頻共振」。

七、誠懇道歉情更深

有時候，自己一句無意的話，可能會大大傷害別人的心。如果你不小心得罪了別人，就應真誠地道歉。這樣不僅可以彌補過失、化解矛盾，而且還能促進雙方心理上的溝通，緩解彼此間的關係。切不可把道歉當成恥辱，那樣將有可能使你失去一位朋友。

有了好口才，就可行天下；有了好人緣，就可創造出亮麗的人生。人緣若是火，口才便是風，「火」借「風」勢自然更旺；人緣若是馬，口才便是鞍，寶馬金鞍，人皆誇讚；人緣若是花，口才便是葉，紅花綠葉，相得益彰。恰當得體的語言能讓你在人際交往中八面玲瓏，左右逢源。

運用刺激締結好人緣

生活中，人與人之間相處的時候，每每想到的是親近、親切、親和，幾乎從沒有人想過威懾、威脅在人際交往中的重要性。其實，威懾、威脅表達出的力量是極為巨大的，尤其對人們內心的刺激是極為明顯的，而且，對這種技巧的運用，在心理學上也是有其理論及事實依據的。

挪威人喜歡吃沙丁魚，尤其是活的沙丁魚。因而，市場上活沙丁魚的價格遠比死沙丁魚價格要高。

為了賣出更高的價錢，漁民們想方設法讓沙丁魚活著回到漁港。可是無論怎樣努力，絕大部分的沙丁魚還是會在中途因窒息而死亡，唯有一條漁船總能讓大部分沙丁魚活著。所有的漁民都對這個能使沙丁魚不死的秘密極感興趣，可惜的是，那條船的船長一直嚴格保守這個秘密。

直到船長去世，謎底才被揭開。

原來，船長在裝滿沙丁魚的魚槽裏放進了一條以魚為主要食物的鯰魚。鯰魚進入魚槽後，由於環境陌生，便四處游動。沙丁魚見了鯰魚就變得十分緊張，牠們開始加速遊動，左衝右突，四處躲避。這樣一來，一條條沙丁魚就歡蹦亂跳地回到了漁港。

這個有趣的故事就是著名的「鯰魚效應」。

利用「鯰魚效應」中的刺激技巧處理人際關係，是激發夥伴活力的有效措施之一。這一方法不僅可以讓自己更進一步，還可以不斷促使對方進步，並給那些故步自封、因循守舊的人送去競爭壓力，從而喚起「沙丁魚」們的生存意識和競爭求勝之心。這對於你身邊的朋友來說，真可謂一份無與倫比的真誠大禮。

有時，當你身邊的朋友陷入頹喪的時候，當你的同事變得懶散的時候，當你的合作夥伴想要退縮的時候，作為他們的朋友、同事、合作夥伴，你不僅要從心理到行動盡力地支持他，而且還可以成為一條「鯰魚」，讓對方充滿活力。

面對如同死水的人際關係，如果想要彼此之間的關係重新活絡，那麼你不妨暫做一條「鯰魚」，對人際關係施予一點刺激，給你的夥伴一點競爭的壓力。

當然，要做「鯰魚」並不容易。如果你想充當「鯰魚」，不僅需要不凡的實力，還需要考慮自己安身立命之道，千萬不要被對方誤解，以至於遭到大夥的聯合打壓。記住，儘管有些人會養成「沙丁魚」的習慣，但是頹喪、懶散、退縮、想要逃避的人畢竟不能完全等同於「沙丁魚」。「沙丁魚」也許不敢挑戰「鯰魚」，但是人畢竟有思想。如果你這條「鯰魚」做法太過，則往往會得罪很多人，從而失去好人緣。因此，凡事不能太過。

事實上，除了用「鯰魚效應」中的「生存競爭」刺激法來作為人際關係處理的一項激勵技巧，還可以用其中某些側面所產生的影響力。

影響力包括威懾力，也包括榜樣的力量，無論何種能力，只要這些方法是合理的，產生的刺激效果是良性的，就應該善加運用。每一個人都或多或少有些影響力，只不過有大有小。影響力大的人能在大範圍得到好人緣，影響力小的人則只能局限於小圈子之中。如果你有良好的影響力，就能獲得好人緣，讓自己的夥伴、朋友緊緊圍繞在自己的周圍，並且帶動他們走向更加美好的未來。

其實，做「鯰魚」和做榜樣，都是有其心理學基礎的。無論是因「鯰魚」引起的生存威脅而產生的競爭意識，還是榜樣的力量帶來的前進動力，都源自於其內心中的好勝心理，而這種好勝心理的外在反映就包括競爭意識和上進心。我們的生活事實說明，每一種心理都需要得到合理的滿足，這樣人們才能更加健康，而其人際關係才會更加合理。

學會在背後說人好話

讚美一個人，當面說和背後說所起到的效果是很不一樣的。背後說別人的好話，遠比當面恭維別人，效果要好得多。

在背後說別人的好話，顯得真誠。如果你當面說人家的好話，對方可能以為你是在奉承他，討好他。相反，如果你的好話是在背後說的，人家會認為你是真心的。這樣，他自然會領情，會感激你。

比如說主管好話，當面說與背後說就有很大的差別。如果你當著主管和同事的面說主管的好話，不僅效果不好，甚至還會起到反效果作用。一方面同事們會說你是在討好主管，拍主管的馬屁，從而容易招致周圍同事的輕蔑。同時，主管臉上可能也掛不住，會說你不真誠。與其如此，還不如在主管不在場時，大力地「吹捧一番」。這樣，既不會有拍馬屁之嫌，也不會讓主管難堪，反倒會讓主管在從他人口中聽到你的好話時感到高興，對你刮目相看。

如果你是一名中層管理者，你不妨在面對你的主管或其他同事時，恰如其分地誇獎你的部下，他一旦知道了，就會對你心存感激，你們的溝通也就會更順暢，感情也會更進一步。

在背後說別人的好話，容易消除誤會，緩解彼此的矛盾。

在背後說別人好話時，會被人認為是發自內心、不帶私人動機的，從而能增強對說話者的好感，消除對說話者的不滿。如果你與同事發生了一些小矛盾，不妨在背後說他的好話。

員工甲與他同事乙平時關係不錯，卻因小事發生誤會，很長時間不說話。彼此都感覺相處很尷尬。雖然大家都想打破這種尷尬，但自尊心作祟，誰都不先開口與對方說話。

一天，甲剛好看了一篇關於背後說人好話的文章，於是心生一計。在辦公室與同事閒聊時，甲趁乙不在，對別的同事隨意說了幾句乙的好話：「乙這人真不錯，為人比較正直，處事也比較公正，以前對我的幫助挺大，我挺感謝他的。」這幾句話很快就傳到了乙耳朵裏，他心裏不由得有些欣慰和歉疚。於是，找了一個適當的機會，他主動向甲打招呼、噓寒問暖，兩人就這樣和好了。

在背後說人好話，還能在某種程度上滿足別人的虛榮心，給足別人面子。這好話可能在被說者意料之中，也可能在他意料之外。通常，好話越出乎被說者的意料，其所起到的作用越明顯，越能打動人。

在劉墉的《把話說到心窩裏》有這麼一段故事：

作為工人代表，老王決定去找總經理抗議。原因是他們經常加班，但上面連個慰問都沒有，年終獎金也很少。

出發之前，老王義憤填膺地對同事說：「我要好好訓訓那自以為是的總經理。」到了總經理辦公室，老王告訴總經理秘書說：「我是老王。約好的。」

「是的、是的。總經理在等你，不過不巧，有位同事臨時有急件送進去，麻煩您稍等一下。」秘書客氣地把老王帶過會客室，請老王坐，又堆上一臉笑：「你是喝咖啡還是喝茶？」

老王表示他什麼都不喝。

「總經理特別交代，如果您喝茶，一定要泡上好的凍頂。」秘書說。

「那就茶吧！」

不一會兒，秘書小姐端進連著托盤的蓋碗茶，又送上一碟小點心：「您慢用，總經理馬上出來。」

「我是老王。」老王接過茶，抬頭盯著秘書小姐，「你沒弄錯吧！我是工友老王。」

「當然沒弄錯，你是公司的元老，老同事了，總經理常說你們最辛苦了，一般同仁加班到九點，你們得忙到十點，心裏實在過意不去。」

正說著，總經理已經大跨步地走出來，跟老王握手：「聽說您有急事？」

「也……也……也，其實也沒什麼，幾位工友同事叫我來看看您……」

不知為什麼，老王憋的那一肚子不吐不快的怨氣，一下子全不見了。臨走，還不斷對總經理說：「您辛苦、您辛苦，大家都辛苦，打擾了！」

老王的態度為什麼會發生一百八十度的大轉彎？其實，答案很簡單。總經理背著老王說老王的好話，大大出乎老王的意料。總經理的好話不僅表示了他的真誠與理解，也給了老王足夠的面子。老王既感受到了被主管理解的欣慰，虛榮心也一下子得到了滿足，自然對總經理心存感激，先前一肚子的怨氣也自然煙消雲散。

自嘲可輕鬆搞好人際關係

《八千里路雲和月》的主持人凌峰，有一回接受一個電視節目的邀請，做特別嘉賓。主持人侯玉婷小姐介紹他出場。當時只見凌峰摘下帽子，露出了發亮的光頭，向觀眾深深一鞠躬後說：「各位朋友大家好，在下凌峰。」說著轉身向侯小姐說：「侯小姐，我很高興又見到您，而您是很不幸地又見到我了。」

主持人立刻回答：「哪兒的話，請您談一下作為一個名節目主持人的感覺好嗎？」

凌峰說：「我覺得我的先天條件要比別人好，一些男性觀眾看到我都會覺得自命不凡（這時台下響起了掌聲和笑聲）。您看看，鼓掌的人都覺得自己長得比我帥！」

接著他又說：「我是生長在台灣的山東人，南人北相，而且我看起來一臉的滄桑，似乎中國五千年的苦難都寫在我的臉上了，所以大江南北的同胞都很歡迎我。」

主持人說：「沒有例外的嗎？」

凌峰回答：「連少數民族都喜歡我，蒙古人喜歡我，是因為我和他們一樣都是單眼皮。西藏人喜歡我，即使我們的信仰並不同，您看，我這個長相，再披上件袈裟，像不像一個西藏喇嘛？」

全場的觀眾大笑。

凌峰一出場就贏得了觀眾的笑聲，秘訣在哪？在於他大膽自嘲。自嘲，即自我嘲弄，就是要拿自身的失誤、不足甚至生理缺陷來「尋開心」，對醜處、缺點不予遮掩、躲避，反而把它放大、誇張、剖析，然後巧妙地引申發揮、自圓其說，取得一笑。

自嘲，作為一種幽默的表達方式，在社交中有特殊的表達功能。它可以營造歡悅的氣氛，可以化解尷尬，可以拉近與別人的距離，可以消除對方的妒忌……

從心理學的角度來講，自嘲是一種幽默的生活態度，它表現的是自嘲者的低姿態，以及良好的修養。它不傷害任何人，相反，它體現了自嘲者的智慧，娛樂了大家。

通常情況下，當我們陷入窘境時，逃避並非良方，你怒不可遏地反唇相譏只會遭到更多的嘲諷，不如來個超脫，自嘲自諷，反而顯得豁達和自信，維護了面子不說，還堵住了別人的嘴巴。

此外，自嘲能營造一種良好的氛圍，拉近自己與他人間的距離，甚至讓你備受歡迎。通常，優秀的大人物自嘲可減輕妒意，無足輕重的小人物自嘲可苦中作樂。

某銀行的櫃檯服務員能力出眾，參加工作不久，便以靈活的交際手腕，和同事、客戶打成一片。這位服務員很快地就當選了公司的模範員工，接受表揚與獎金。

在表揚會上，銀行總經理介紹他說：「他不但年輕有為，而且待人接物都值得我們學習，尤其是不論你何時看到他，他臉上都掛著笑容，更是難得。現在請他講幾句話。」

該服務員很謙虛地謝過總經理，接過麥克風說：「謝謝總經理，也謝謝大家給我這個榮譽，我一定會努力，不辜負大家的期望。」

「不過，」服務員看了看底下的同事，忽然調皮地說，「如果我的臉上不擺著笑容，我的眼鏡就會掉下來。」在場的人聽了都哈哈大笑，毫不猶豫地鼓起掌來。

無疑，這位服務員很懂得心理學，他資歷尚淺就得獎，同事們多多少少會覺得不是滋味，但他的一番自嘲，消除了同事心理的不平衡。

適時適度的自我嘲笑，還可讓不友善的氣氛變得友善，讓他人在盡可能短的時間內接納你。

當然，自嘲不是自我辱罵，不是出自己的醜。自嘲需要把握分寸。換句話說，自嘲時要超脫，但切忌尖刻，以避免讓自己感到屈辱，讓他人輕視。

關鍵時刻拉人一把

人際交往中，要懂得「欲求人助，先要助人」的道理。關鍵時刻拉人一把，這比平時費盡心機地討好別人要明智得多。

「患難之交才是真朋友」，相信這話大家不會陌生。

晉代有一個人叫荀巨伯，有一次去探望朋友，正逢朋友臥病在床，這時敵軍正攻破城池，燒殺擄掠，百姓紛紛攜妻挈子，四散逃難。朋友勸荀巨伯：「我病得很重，走不動，活不了幾天了，你自己趕快逃命去吧！」

荀巨伯卻不肯走，他說：「你把我看成什麼人了，我遠道趕來，就是為了來看你。現在，敵軍進城，你又病著，我怎麼能扔下朋友不管呢？」說著便轉身給朋友熬藥去了。朋友百般苦求，叫他快走，荀巨伯卻端藥倒水安慰說：「你就安心養病吧，不要管我，天塌下來我替你頂著！」

這時「砰」的一聲，門被踢開了，幾個兇神惡煞般的士兵衝進來，衝著他喝道：「你是什麼人？如此大膽，全城人都跑光了，你為什麼不跑？」

荀巨伯指著躺在床上的朋友說：「我的朋友病得很重，我不能丟下他獨自逃命。」而後又正氣凜然地說：「請你們別驚嚇了我的朋友，有事找我好了。即使要我替朋友而死，我也絕不皺眉頭！」

敵軍一聽愣了，聽著荀巨伯的慷慨言語，看看荀巨伯的無畏態度，很是感動，說：「想不到這裏的人如此高尚，怎麼好意思侵害他們呢？」說著，敵兵撤走了。

這個故事告訴我們，患難時體現出的正義能產生如此巨大的威力，說來不能不令人驚嘆。人的一生不可能一帆風順，難免會碰到失利受挫面臨困境的情況，這時候最需要的就是別人的幫助，這種雪中送炭般的幫助會讓原本無助的人牢記一生，更讓朋友終生感激。

德皇威廉一世在第一次世界大戰結束時，可算得上全世界最可憐的一個人。他眾叛親離，他的臣民都反對他，只好逃到荷蘭去保命，許多人對他恨之入骨。可是在這時候，有個小男孩寫了一封簡短但流露真情的信，表達他對德皇的敬仰。這個小男孩在信中說，不管別人怎麼想，他將永遠尊崇他為皇帝。德皇深深地為這封信所感動，於是邀請他到皇宮來。這個小男孩接受了邀請，由他母親帶著一同前往，他的母親後來嫁給了德皇。

「我不知道他那時候那麼痛苦，即使知道了，我也幫不上忙啊！」許多人遺憾地說。

這種人與其說他不知道朋友的痛苦，不如說他根本無意知道。

人們總是可以敏感地覺察到自己的苦處，卻對別人的痛處缺乏瞭解。他們不瞭解別人的需要，更不會花工夫去瞭解，有的甚至知道了也佯裝不知，大概是沒有切身之苦、切膚之痛吧。

雖然很少有人能做到「人饑己饑，人溺己溺」的境界，但我們至少可以隨時體察一下別人的需要，時刻關心朋友，幫助他們脫離困境；當朋友身患重病時，你應該多去探望，多談談朋友關心的感興趣的話題；當朋友遭到挫折而沮喪時，你應該給予鼓勵：「這次失敗了沒關係，下次再來。」當朋友愁眉苦臉，鬱鬱寡歡時，你應該親切地詢問他們。這些適時的安慰會像陽光一樣溫暖受傷者的心田，給他們希望。

有時候不用很費力地幫別人一把，別人也會牢記在心。投之以桃，報之以李。因此，無論是工作還是在人際交往的過程中，一定要在關鍵的時候幫人一把，這樣不僅能夠得到別人的欣賞，還能夠提高自己的威信，締結好人緣。

使人愉快是一筆人際財富

在現實生活中，許多人是因為具有隨和、樂於助人的性格而獲得了升遷的機會的。讓他人感到愉快，自然對方也會讓你愉快，你此刻的小小付出，也許日後會給你帶來意想不到的收益或驚喜。

美國前總統林肯就是這樣一個人：他樂於助人，在任何場合都令人喜歡。比如，當林肯住進拉特利奈旅店時，那裏非常擁擠，他經常讓出自己的床位，睡在倉庫的角落，用一卷棉布做枕頭。因此，每個遇到困難的人都來求助於他。正是由於他心中永遠裝著別人，林肯贏得了人民的熱愛。

使人愉快是筆巨大的財富。想想看，有什麼能比總是引人注目、從不惹人生厭的個性更為珍貴呢？這種個性不僅在工作領域很有價值，在生活中的各個領域也是如此：它造就了受人尊敬的政治家；為律師贏得了顧客；對於一名員工來說，它會帶給你很多機會。

不論我們幹哪一行，都不能低估這種個性魅力的重要性，它將為我們贏得所有人的支援，減少前進路上的障礙。

一些人能像磁石吸引鐵屑一般，自然而然地吸引商人、顧客、委託人，做事則得心應手、順心如意，這是因為他們擁有這種磁鐵般富有吸引力的個性。這些人就是商業磁體，儘管看起來他們不是最努力的；但機遇總圍繞著他們打轉，一般人稱他們為「幸運兒」。如果我們進一步分析他們，會發現他們有著迷人的個性，這就是他們贏得人心的原因所在。

當今許多成功人士和商業鉅子的成功，在很大程度上都歸功於自己良好的禮貌習慣和受人歡迎的性格。如果不是因為這些，而僅僅依靠他們的聰明才智、毅力和商業實踐經驗的話，那麼他們可能還不能獲得現在的成功。不論一個人有多大的能力，他若是粗魯野蠻，其個性令人生厭，那麼他將永遠處於劣勢。

培養受人歡迎的個性是很必要的，它能使成功的機遇倍增，能夠發展人際關係，塑造良好形象。如果你想受到別人歡迎，就得做到控制私心，克制不良傾向，並且還要有禮貌、溫柔、討人喜歡和樂於與人為伴。這種為了做到「受歡迎」而進行的努力，也是通向成功和快樂之路所必備的。

學習與人愉快相處的藝術，這將比任何東西更能幫助你表達自己，它將喚醒你的成功潛能，使你贏得更多人的支持。這種才能應該是一種令人羨慕的天賦，然而由於它具有某些後天培養的特質，所以，通過培養和訓練也能做到。

總是自私自利、利用他人的人，肯定不會受人歡迎，人們天生就反感並且厭惡那些只為自己打算、從不考慮別人的人。假如你想變得令人愉快，就必須做到慷慨大方。狹隘、吝嗇的性格是不可愛的，人們都迴避這種個性的人。你必須在表情、微笑、握手和言行中讓人感到真誠。假如你的個性散發出迷人光芒，人們將樂於和你接近，因為我們都在追尋陽光，而盡力躲避陰影。

助人為樂，本來就是生活中一件很平常的事情。助人為樂，其實是給自己的一筆人緣財富積累，你的人生道路會因為你的慷慨而變得寬闊而平坦。

保持聯絡使人脈四季開花

一般來講，朋友之間從相識到相知都需要細心的呵護，其中相處是持續時間最長、最需要用心經營的階段。

朋友之間的相處，實際上是心靈之間不同形式的交流和碰撞，這種心靈之間的交流與碰撞是最需要智慧和技巧的。不論是什麼樣的智慧和技巧，最基本的原則就是朋友之間要始終保持聯繫。沒有了聯繫，深厚的友誼可能變得越來越淡；沒有了聯繫，兩顆心靈之間可能會彼此疏遠；沒有了聯繫，曾經無話不談的朋友可能變得形同陌路。因此，保持聯繫能夠使友誼常青，能夠使你的人脈無限廣闊。

劉備曾在讀私塾時，由於為人講義氣、又聰明，因此成了同學中的老大。在幾年中，他經常幫助其他同學，與他們的關係處得都非常得好。後來大家都長大了，也都知道自己各有各的道路要走，劉備也與昔日的好同學、好玩伴各奔東西了。

雖然說大家彼此都分開了，但是劉備卻很注重經常與同學保持聯繫。其中有一位叫石全的人，是劉備讀書時最要好的同學。

石全在讀完書後，由於老母親健在，於是，便回家繼續供奉老母親，以盡兒子的孝道。石全為了維持母親和他的生計不得不打柴和賣字畫，而劉備不嫌昔日同窗的清貧，經常邀請石全到他家做客，共同探討當時天下形勢。像這樣融洽的聚會一直保持了若干年，這也致使劉備與石全的關係不斷地加強，情同手足。

後來，劉備為了實現自己心中的宏偉目標，就帶領一支隊伍參加了東漢末年的農民起義。初時，劉備的軍事實力相當的小，不得不依附其他人，在一次交戰中，寡不敵眾，劉備所帶的軍隊被全部殲滅，他自己也受了重傷，後來被石全救助並把他藏了起來，才躲過敵人的追殺，由此逃過了一劫。

可見，同學關係有時在緊要的關頭能幫上大忙，甚至冒著生命危險幫助你，為你排憂解難。但是，一定要記住一點：這中間的益處是來自於你平時自己的努力，如果你在與同學分開之後並沒有經常性的相聚，那麼好的關係又從何談起，從中受益則更是一紙空文而已。所以，只要你報有誠心，報有真情，用你的真誠來維持分開之後的同學關係，你的人際關係面才會更加的廣泛，路也會越走越寬。

在人際交往中學會抬高別人

世界潛能大師陳安之在《看電影學成功》中是這麼說的：「一般人是如何獲得自信的？是通過比較。你比較好，所以我就沒有自信；我比較好，就變成你沒有自信。而每一個人都希望得到認同、得到自信。所以，周星馳演的角色，十部片子有九部都是演一個常被嘲笑常被欺辱的人，演一個最被人看不起的人，能讓所有人都覺得『我一定會贏過你』，結果影片最後，周星馳一定會一反弱態，戰勝強敵，揚眉吐氣……」

要讓別人喜歡你就要在與別人相處時，能讓別人感到很舒服、很自在、很優越、很有成就、很有自信……周星馳深深地瞭解這一點，所以，他成功了！

這就叫「Tee—up法則」，Tee是打高爾夫球用的小支球托，up就是把它墊高起來的意思。所有人打高爾夫球，在開杆的時候，他都必須插下那個Tee，才有辦法把球打飛起來。

這就是Tee的作用——把自己放低了（像沒有價值），再把對方墊高了（對方顯得高大而有價值），結果自己就成了對方離不開的，最有價值的「Tee」。

周星馳的票房之所以會高，不是因為他善於演喜劇片，而是因為他是一個「心理學專家」，他懂得真正的成功之道——把別人墊高了，把自己放低，讓別人有了「安全感」，讓別人有了「快樂」，讓別人有了「自信」，讓別人有了「希望」，這樣別人才會喜歡自己，讓他順順利利地成功。

同樣，柯南道爾很少給別人簽名留念。

有一次，他收到一封從巴西寄來的信，信中說：

「我很希望得到一張您親筆簽名的照片，然後，我會將它放在我的房間裏。這樣的話，我不僅天天可以看見您，而且我堅信，若有賊進來，一看到您的照片，肯定會嚇得屁滾尿流，逃之夭夭！」

收到信的當天，柯南道爾就很爽快地給對方寄去了一張親筆簽名的照片。

結交朋友，發展關係，不光要抬高別人，還要放低自己；福特公司的創始人福特就是一個很會放低自己的人。

一九二三年，美國福特公司有一台大型發電機不能正常運轉，公司裏的幾位工程技術人員百般努力都無濟於事。福特焦急萬分，只好請來德國籍科學家斯特羅斯。

斯特羅斯來到福特公司後，爬上爬下地在電機的各個地方靜聽空轉的聲音，然後用粉筆在電機的左邊一個長條的地方畫了兩道扛扛。

「毛病出在這兒，」科學家對福特說，「多了十六圈線圈，拆掉多餘的線圈就行了。」

技術人員照此一試，電機果真奇蹟般運轉了。

大家對斯特羅斯表示非常的感謝。

「不用謝了，給我一萬美元就行了！」斯特羅斯說。

「天哪！畫條線就要一萬美元？」技術人員大吃一驚。

「是的！」斯特羅斯傲慢地說，「粉筆畫一條線不值一美元，但知道該在哪裡畫線的技術超過九千九百九十九美元！」

看著傲慢的科學家，福特不僅愉快地付了一萬美元酬金，並且表示願用高薪聘請他。誰料，科學家毫不心動，他說現在的公司對他有恩，他不可能見利忘義去背叛公司。

福特一聽，乾脆花鉅資把斯特羅斯所在的公司整個買了下來。以福特的地位和財勢，竟敢於「丟下面子」忍受斯特羅斯的傲慢和冷嘲熱諷，這是因為福特清楚成大事者必須以人為本，而斯特羅斯就是他取得更多財富的無價之「寶藏」。為了留下這座「寶藏」，福特竟然花鉅資買下了他所屬的公司。看來，要想求人必須厚起臉皮，放下身段。

劉備為求得千古難遇的人才，三顧茅廬，感動得諸葛亮忠心耿耿，為了蜀國的發展，鞠躬盡瘁，死而後已；張良為學到失傳的兵書，三次起早摸黑去橋邊等候，才得到了運籌帷幄、克敵制勝的《太公兵法》。

因此，要想讓別人喜歡你，就要放下架子，以誠懇平易的心態對待他人，才能夠為自己打造融洽的人際關係。

謙虛但不讓人感到虛偽

謙虛和懂得如何謙虛，永遠是贏得他人好感和受人尊敬的最重要法寶之一。遺憾的是，有那麼一些人卻把握不好謙虛的度，讓人感到虛偽，讓人敬而遠之，實屬不該。

謙虛永遠是一種美德，謙虛的人在人際交往中總能給人以好感。

我國古代著名的大思想家、教育家孔子，學識淵博，但從不自滿。他周遊列國時，在去晉國的路上，遇見一個七歲的孩子攔路，要他回答兩個問題才讓路。其一是：鵝的叫聲為什麼大？孔子答道：「鵝的脖子長，所以叫聲大。」孩子說：「青蛙的脖子很短，為什麼叫聲也很大呢？」孔子無言以對。他慚愧地對學生說，我不如他，他可以做我的老師啊！

我國古代名醫扁鵲也是個比較謙虛的人。一次，魏文王問名醫扁鵲說：「你們家兄弟三人，都精於醫術，到底哪一位最好呢？」

扁鵲答說：「長兄最好，中兄次之，我最差。」

文王再問：「那麼為什麼你最出名呢？」

扁鵲答說：「我長兄治病，是治病於發作之前。由於一般人不知道他事先能剷除病因，所以他的名氣無法傳出去，只有我們家的人才知道。我中兄治病，是治病於初起之時。一般人以為他只能治輕微的小病，所以他的名氣只及於本鄉里。而我治病，是治病於病情嚴重之時。一般人都看到我在經脈上穿針管來放血、在皮膚上敷藥等大手術，所以以為我的醫術高明，名氣因此響遍全國。」

綜上所述，我們不難看出謙虛是一切偉大靈魂所共有的品質。他們都能超越淺薄的虛榮，深知人們所樂意接受和尊敬的是謙虛的人。

那些謙虛豁達的人能贏得更多的知己，那些妄自尊大、小看別人、高看自己的人總是令人反感，最終在交往中使自己到處碰壁。

老子曾說：「良賈深藏若虛，君子盛德貌若愚。」是說商人總是隱藏其寶物，君子品德高尚，而外貌卻顯得愚笨。這句話告訴我們，要斂其鋒芒，收其銳氣，千萬不要不分場合地將自己的才能讓人一覽無遺。一旦你的長處短處被同事看透，就很容易被他們支配。

謙虛的人往往也能得到別人的信賴。因為謙虛，別人才不會認為你有威脅，才會更好地與他人建立關係，並永遠受到歡迎。

卡內基曾有過一番妙論：

「你有什麼可以值得炫耀的嗎？你知道是什麼原因使你沒有成為白癡嗎？其實不是什麼了不起的東西，只不過是你甲狀腺中的碘而已，價值並不高，才五分錢。如果別人割開你頸部的甲狀腺，取出一點點的碘，你就變成一個白癡了。在藥房中，五分錢就可以買到這些碘，這就是使你沒有住在瘋人院的東西——價值五分錢的東西，有什麼好談的呢？」

但是，過度謙虛也會給人很虛偽的印象。古時候有一位名叫黔敖的貴族，想發點「善心」，於是，每天一早便在大路旁擺上一些食物，等著餓肚子的窮人經過，施捨他們以示自己的仁慈與厚德。

一天，黔敖又坐在路旁的車子上，等著有人經過這裏好施捨給他們。正在這時，一個餓得不成樣子的人走了過來，他用袖子遮著臉，拖著一雙破鞋子，瞇著眼睛，搖搖晃晃地邁著步子，身體顯然十分虛弱。

黔敖看到這個人後，認為顯示自己「仁慈」的時候到了，便左手拿起食物，右手端起湯，傲慢地叫道：「喂！來吃吧！」

黔敖一心以為那個餓漢會對他感恩不盡，感謝他的好意和慷慨。可是出乎意料的是，那個餓漢抬起頭，抖了抖衣袖，輕蔑地瞪了他一眼說道：

「我就是因為不吃這種『嗟來之食』才餓成這個樣子的。你以為一個人為了食物，就會拋棄自己的尊嚴，接受這種侮辱性的施捨嗎？你還是收起你那套假仁假義吧！」說完，那餓漢扭頭就走，鬧得黔敖心裏十分懊悔。

古羅馬思想家西塞羅說：「在所有墮落的行徑中，沒有比偽君子的所作所為更加邪惡了。偽君子總是在最虛假的時候，小心翼翼地裝出最善良的樣子。」待人接物切莫有輕侮之意，尤其是在幫助別人的時候，更要小心顧全對方的自尊，否則，反而會惹得對方生氣，豈不自討沒趣。

總之，過分謙虛的人，是因為怕對方看出自己真正的欲望，就會以過度的謙虛掩蓋自傲的言辭。一般人往往無法忍受這種刻意的炫耀及虛偽的謙虛。

謙虛與自我標榜恰當地結合，是一個人獲得成功的途徑。不讓別人感到失落和使別人對你產生好印象的秘訣之一，便是恰當地表現自己的謙虛。因為，謙虛的人才不受別人排斥，才容易被社會和群體吸納和認同。

未達到成功的人沒有什麼值得特別驕傲的，因此，更應該保持謙虛。已經取得成功的人，也不該自高自大、自以為是，更應該繼續保持謙虛的作風，因為知識是無窮的，沒有任何一種力量能夠永遠戰勝未來。

低調做人不招人反感

在所處的圈中，每個人都渴望著自己能夠被人需要，被人渴望，被人所愛；每個人都期盼著自己能夠贏得他人的認同，受到大家的歡迎。

然而，在圈子中總有一些人得不到別人的認同，處處招致別人的反感，進而嚴重影響了自己快樂的生活。到底是什麼原因讓他們能如此令人反感呢？究其原因，無外乎自己的一些不適當的行為或性格。那麼，我們到底該如何注意和改正自己的不足，使自己擺脫別人的冷落，早日贏得他人的歡迎呢？

一、不要鋒芒太露

孔子曰：「人不知，而不慍，不亦君子乎？」可見人不知我，我心裏一定會老大不高興，這是人之常情。也許是因為年輕氣盛，總有人希望別人能在最短的時間內，就知道自己是個不平凡的、很有成就的人。要讓別人知道自己的最有效辦法當然是先要引起大家的注意。要引起大家的注意，只是從言語、行動方面努力的話，會很容易在言行或舉止方面鋒芒畢露。

鋒芒是刺激大家的最靈驗的方法，但是如果仔細看看周圍一些有人緣的人，你就會發現，他們與你完全相反。「和光同塵」毫無稜角，言語如此，行動也是一樣。他們個個深藏不露，表面上看好像他們都是庸才，其實他們的才能，頗有出於你之上者；好像個個都很訥言，其實其中頗有善辯者，好像個個都無大志，其實頗有雄才大略而不願久居人下者。但是他們卻不肯在言談舉止上露鋒芒，不肯做出眾人物，這是什麼道理呢？

俗話說得好：人怕出名，豬怕肥。因為他們有所顧忌，如果言語露鋒芒，便很容易得罪旁人，得罪旁人便成為自己前進的阻力，成為自己成功的破壞者。

行動露鋒芒，便要招惹旁人的妒忌，旁人妒忌也將成為你的阻力，成為你的破壞者。如果你的四周都是你的阻力或你的破壞者，在這種形勢之下，你的立足點就會被推翻，哪裡還能實現你求知於人的目的呢？

年輕人往往會狂妄自大，樹敵太多，不能與同事水乳交融地相處，究其原因就是因為在語言表達上、行為舉止上鋒芒太露，以致影響到他人。言語、行為之所以鋒芒太露，是急於求知於人的緣故，這也是遭人妒忌的最大原因。

要知道，其實只要在恰當的時候表現出自己才能，並做出過人的成績來，同樣可以贏得他人的讚賞。這種表現本領的機會不怕沒有，只怕把握不牢，做出的成績不能令人特別滿意。你如果已經具有真實的本領，就要留意表現的機會，如果還沒有真實的本領，就要加緊準備。

《易經》上說：「君子藏器於身，待時而動。」無此器最難，有此器不患無此時。鋒芒對於年輕人，是害處，但也有好處。這種鋒芒好比是額頭上長出的角，額上生角必然會很容易觸傷別人，如果你不去想辦法磨平自己的角，時間久了別人也必將去折你的角，角一旦被折，其傷害也就太多了，不如趁早修煉一下自己吧。

二、不要清高孤傲

做人切莫清高孤傲。清高只會使一個人變得孤陋寡聞，而傲慢更能使所有的友人敬而遠之，失去友誼。傲慢之人喜歡嘩眾取寵、盛氣凌人，往往在人前擺出「趾高氣揚，不可一世」的俗態。

這種人庸俗淺薄，狹隘偏見，表現出夜郎自大的心態，是虛榮和一知半解結合的怪物。而且他還是愚蠢的、自負的，常常故作高深，附庸風雅，其實是井底之蛙的仰望，是矯揉造作的不高明的表演。久而久之，會使人覺得難於接近，只得敬而遠之，或避而躲之，最終換來的只能是事業的失敗，人際的冷落。

中國的傳統文化素來鄙視傲慢，崇尚平等待人。一般來說，知識越多，學問越廣的人就會越謙虛；文化越低，氣量越小的人越傲慢。被奉為千古宗師的孔子說過這樣的話：不要強不知以為知，要知之為知之，不知為不知。莫忘三人行必有我師。謙遜的態度會使人感到親切，傲慢的架子會使人感到難堪。

相傳南宋時江西有一名士傲慢之極，凡人不理。一次，他提出要與大詩人楊萬里會一會。楊萬里謙和地表示歡迎，並提出希望帶一點江西的名產配鹽幽菽來。名士見到楊萬里後開口就說：「請先生原諒，我讀書人實在不知配鹽幽菽是什麼鄉間之物，無法帶來。」楊萬里則不慌不忙從書架上拿下一本《韻略》，翻開當中一頁遞給名士，只見書上寫著「豉，配鹽幽菽也」。

原來楊萬里讓他帶的就是家庭日常食用的豆豉啊！此時的名士面紅耳赤，方恨自己讀書太少，後悔自己為人不該傲慢。

做人，謙虛之心不可無，傲慢之心不可有。但是如果存有傲慢之心也不是沒辦法克服的。要想防止傲慢，首先要認識自己。一個人要正確認識自己是很不容易的。傲慢的人要麼自以為有知識而清高，要麼自以為有本事而自大，要麼自以為有錢財而不可一世，要麼自以為有權勢而壓人。殊不知，山外有山，樓外有樓，還有能人在前頭。

古今中外成大事者，都是虛懷若谷，好學不倦之人。我國宋代的大文學家歐陽修，其晚年的文學造詣可以說到了爐火純青的地步，但他從不恃才傲世，仍一遍遍修改自己的文章。他的夫人怕他累壞了身體，勸他說：「何必這樣自討苦吃？又不是小學生，難道還怕先生生氣嗎？」歐陽修回答說：「不是怕先生生氣，而是怕後生笑話！」

由此可見，謙卑謹慎，虛心自知才是醫治傲慢最行之有效的方法。除此之外，在與人交往時還要極力做到與人平等，以禮相待。

平等待人不僅是文明禮貌的行為，也是人品修養的體現。平等待人是針對傲慢無理而言的，它要求人們在社會交往中，不管彼此之間的社會地位和生活條件有多大的差別，都一視同仁，待人切忌「勢利眼」。

古人曰「不諂上而慢下，不厭故而敬新」，就是說待人時不應用卑賤的態度去巴結逢迎有權勢、有錢財的人，而怠慢經濟條件較差，社會地位不高的人。人本無高低貴賤之分，每個人都有自己的人格，人格作為人的一種意識和心理深深地附著在人的身上，並時時加以維護。人格的基本要求是不受歧視，不被侮辱，要求平等。

如果你不願遭到別人的反感、疏遠，那你就切勿傲慢和過分強調自我。如果每個人都注意加強品德修養，都謹防傲慢，那將會使彼此的人際關係更加和諧，生活得更加幸福和愉快。

三、不要目中無人

做人要謙虛謹慎、真誠待人，切忌自以為是、目中無人。誠實待人是贏得別人尊重的砝碼，謙虛謹慎則使你走向成功的路上少了不少阻礙。

工作中，要注意真誠地對待別人，不要因為他人某方面不如自己或自己某點強於他人而自以為是、目中無人，要學會接受他人的指正並能在他人需要的時候伸出援助之手。剛參加工作的年輕人有年齡、學歷上的優勢，但也存在工作經驗上的不足，尤其應注意這點。要學會尊敬他人，和大家和睦相處，千萬不可目中無人。

佛蘭克林年輕時是一個驕傲自大的人，言行不可一世，處處咄咄逼人。造成他這種個性的最大原因，歸咎於他的父親。因為其父過於縱容他，從來不對他這種非禮的行為加以訓斥，倒是他父親的一位摯友實在看不過去了。有一天，把他叫到面前，用很溫和的言語，規勸他一番。這番規勸，竟使佛蘭克林從此一改往日的行為，踏上了他的成功之路！

父親的摯友對他說：「佛蘭克林，你想想看，你那不肯尊重他人意見，事事都自以為是的行為，結果將使你怎樣呢？人家受了你幾次這種難堪後，誰也不願意再聽你那一味矜誇驕傲的言論了。你的朋友們將一一遠避於你，免得受你的冤枉氣，這樣你從此將不能再從別人那裏獲得半點學識。何況你現在所知道的事情，老實說，還只是有限得很，根本不管用。」

佛蘭克林聽了這一番話，大受觸動，深知自己過去的錯誤，決意從此痛改前非，處事待人改用研究的態度，言行也變得謙恭委婉，時時慎防有損他人的尊嚴。不久，他便從一個被人鄙視、拒絕交往的自負者，變為到處受人歡迎愛戴的成功人物了。他一生的事業也得力於這次成功的轉變。

如果佛蘭克林當時沒有接受這位長輩的勸勉，仍舊事事一意孤行，說起話來不分大小，不把他人放在眼裏，那結果定會不堪設想，至少美國將會少了一位偉大的領袖。

綜上所述，妄自尊大，將使與你接觸的人們，個個感覺頭痛，獲得一個不快的印象。從此，你所能交的新朋友，將遠沒有你所失去的老朋友那樣多，直到了眾叛親離的絕境。如果到了那時，你做人還有什麼趣味？你還有什麼偉大的成就？你的名譽還能靠誰來傳揚呢？

要改正目中無人的不好癖習，並不是一件難事，只要記住：現在即使有了一點點小成就，比起未來的成就也只是微乎其微。即使有人已對你大加讚美，也只是表明他們的眼界太低，而不能說是你的成就已達頂峰。當你對人說話時，應該打定主意：你是在向對方吸取學識經驗，而不是把你淺薄的學識全部搬出來獻禮。你發表意見，必須抱著求人將它改善的目的，而不是用來壓倒人。因為實際上，沒有一個人是情願被迫接受任何意見的。

我們要明白，目中無人，高高在上，不但不能引起別人的尊重，反而會引起他們背後甚至當面的譏笑。獲得別人尊重的唯一要訣，就是先尊重別人，學會謙遜，切莫目中無人，高高在上。

四、不要自吹自擂

人們常說，有本事要讓別人去說。一個真正成功的人是不喜歡自吹自擂的，因為別人的眼睛要比你的眼睛亮得多。就像一九九九年舉行的那場世紀拳王大賽一樣，雖然這場比賽被判為平局，但明眼人一看就知道是路易斯獲勝的，真正的拳王應當是路易斯，霍利菲爾德再怎樣吹噓也是枉然。

美國南北戰爭時，北軍格蘭特將軍和南軍李將軍率部交鋒，經過一番空前激烈的血戰後，南軍一敗塗地，潰不成軍，李將軍還被送到愛浦麥特城去受審，簽訂降約。

格蘭特將軍立了大功後，是否就驕奢放肆、目中無人起來了呢？沒有！他是一個胸襟開闊、頭腦清晰的大人物，絕不會做出喪失理智的行為來！

他很謙恭地說：

「李將軍是一位值得我們敬佩的人物。他雖然戰敗被擒，但態度仍舊鎮定異常。像我這種矮個子，和他那六尺高的身材比較起來，真有些相形見絀。他仍是穿著全新的、完整的軍服，腰間佩著政府獎賜他的名貴寶劍；而我卻只穿了一套普通士兵穿的服裝，只是衣服上比士兵多了一條代表中將官銜的條紋罷了。」

這些謙虛的話聽在人家耳裏，遠比數次的自吹自擂好得多。唯有對自己的成就發生疑問的人，才愛在人家面前吹牛，以掩飾那些令人懷疑的地方。一個真正成功的人，是不必自我吹噓自我炫耀的，因為你的成績，你的成功，別人會比你看得更清楚，而且會記在心上。

也許你認為格蘭特將軍的自謙，很值得讚美，而李將軍以敗將的身分，居然也昂首挺胸、衣冠整齊，似乎有些示之驕傲。其實不然，李將軍雖然戰敗，但仍能坦然忍受恥辱，這正是他勇敢堅毅的地方。他這種表現，是表示他把失敗當做一種經驗，而非一種恥辱，如果能再給他一次機會的話，他仍能挺身奮戰、爭取光榮。所以他也可以說是不失為一位軍人的風度。他之所以與格蘭特持相反的態度，並非不肯謙虛，實在是由於兩人所處的環境不同。

格蘭特將軍不但讚美了李將軍的態度，而且也沒有輕視他的戰績。他認為自己的成功和李將軍的失敗，都是偶然的機會所造成的。他說：

「這次勝負是由極湊巧的環境決定的，當時敵方軍隊在維吉尼亞，幾乎天天遇到陰雨天氣，害得他們不得不陷在泥淖中作戰。相反的，我們軍隊所到之處，幾乎每天都是好天氣，行軍異常方便，而且有許多地方往往是在我軍離開一兩天後便下起雨來，這不是幸運是什麼呢！」

格蘭特將軍把一場決定最後命運的大勝利歸功於天氣和命運，這恰恰表示他有充分的自知之明，始終沒有讓理智被名利的欲念所埋沒。曾經有人說：「愈是不喜歡接受別人讚譽的人，愈是表示他知道自己的成功是微不足道的。」

假使你常常為芝麻小事而得意忘形，接受別人的稱讚，自己拍自己的肩膀，把它當做一樁了不得的事情，那你是在欺騙自己，就像那些被魔術欺騙了的觀眾一樣。從此你將走上失敗之路，因為你早已沒有自知之明。盲人騎著瞎馬亂闖，怎麼會有成功的希望呢？

實際上，只要我們仔細思考，就知道我們百分之九十九的成功，有不少是機運的成分夾雜在裏邊的。我們應該看清這些機運所在，準備將來如有同樣事情發生，又缺乏這些機運時，知道該怎樣應付。

歐洲有句格言：「愈是喜歡受人誇獎的人，愈是沒有本領的人。」反之，我們也可以這麼說：**「愈是有本領的人，愈是不需要別人的誇獎。」**

誠實守信才能廣聚人脈

一般來講，誠信是一個人的立身之本，是積累人脈必備的心理素質，也是交際中打開別人心門的一把鑰匙。「誠」即是待人真誠、交往時童叟無欺；「信」即是信守承諾，言既出，行必果。孔子曰：「人而無信，不知其可也。」意思是說：一個沒有誠信的人，不知道他還能做成什麼事。

只有對待每一個顧客誠實守信，在生意場上你才會廣結人緣，才會有大錢可賺。有人說，信守承諾是一項重要的感情儲蓄，不守承諾則是在透支未來的利益。

美國著名的政治家班傑明．富蘭克林，曾經對一個青年人說：

「你要切記，信用能夠使一個人在任何時候、任何場合聚集起他的朋友們所用不著的大量的金錢。借錢到了該還的時候，一個小時也不要耽誤，否則一次失信，朋友的錢袋就會永遠向你關閉。」

生意場上有許多爾虞我詐，但是那些人脈廣闊的成功者，始終以真誠的態度面對每一位交往者。無論對方對你如何，誠信都是最能打動人心的交際方式，也是積累人脈最有效的方法。

第四章

圈子圈套，如何套牢你的人際關係

如何拉近你與他人的人際距離，建立牢固的人際關係是一門交際的藝術。
作為每一個「圈中人」，唯有不斷提升自己，
讓自己去適應他人，才能越來越討人喜歡，建立良好的人際關係。

多多進行人情投資

有句俗話說得好：「在家靠父母，出門靠朋友」，多一個朋友多一條路。要想人愛己，己須先愛人。就如同一個人為防不測，須養成「儲蓄」的習慣一樣，只有時刻不忘人情投資，才能為自己多儲存些人情的債權。

日本某企業的董事長手腕高人一籌，他平時善於儲蓄人情，善用利用感情投資的人情效應，為自己辦成許多有助於企業發展的大事，為企業更快、更好地發展奠定了堅定的人脈基礎。

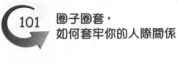

他長期承包那些大電器公司的工程，對這些公司的重要人物常施以小恩小惠，這位董事長的交際方式與一般企業家的交際方式的不同之處在於：他不僅奉承公司要人，對年輕的職員也殷勤款待。誰都知道，這位董事長並非無的放矢。

事前，他總是想方設法將電器公司內部員工們的學歷、人際關係、工作能力和業績，做一次全面的調查和瞭解，仔細揣摩此人在公司中的發展前途。如果認為這個人會有所作為，以後可能成為該公司的要員，現在不管他有多麼年輕，職位多麼卑微，他都會盡心款待。這位董事長這樣做的目的，是為日後獲得更多的利益做準備。

這位董事長明白，十個欠他人情債的人當中，有九個會給他帶來意想不到的收益。他現在做的「虧本」生意，日後會利滾利地收回來。

所以，當自己所看中的某位年輕職員晉升為主管時，他會立即跑去慶祝，贈送禮物。同時還邀請他到高級餐館用餐。年輕的科長很少去過這類場所，因此，對他的這種盛情款待自然倍加感動，心想：「從前從未給過這位董事長任何好處，並且現在也沒有掌握重大交易決策權，這位董事長真是位大好人！」無形之中，這位年輕科長自然產生了感恩圖報的意識。

正在受寵若驚之際，這位董事長卻說：「我們企業有今日，完全是靠你們的努力，因此，我向你這位優秀的職員表示謝意，也是應該的。」這樣說的用意，是不想讓這位職員有太大的心理負擔。

這樣，當有朝一日這些職員晉升至科長、經理等要職時，還記著這位董事長的恩惠。因此在生意競爭十分激烈的時期，許多承包商倒閉的倒閉，破產的破產，而這位董事長的企業卻仍舊生意興隆，其原因是他平常善於儲蓄人情的緣故。

縱觀這位董事長儲蓄人情的手腕，確實不同於那些臨時抱佛腳的人。那些人不注重平時人情的儲蓄，到有用的時候才想到拉攏、收買，關係也僅僅限於物質上，辦起事來自然會「量力而行」。這就體現出這位董事長不同凡響的交際手腕，這種變通意識可謂之長遠，同時也揭示了運用人情效應的魔力，揭示出交友要有長遠眼光，儘量少做臨時抱佛腳的買賣，要注意有目標的長期感情投資。只有平時注意儲蓄人情，到關鍵時刻才有「殺傷力」。

人都是有感情的，人人都難逃脫一個「情」字。但要想獲得別人的感情，首先自己要多付出。儘管在當今社會，由於生活節奏的加快，人與人之間的關係較之以前稍顯淡漠，但是「人情生意」卻從未間斷過。要想辦事順利，就要提前準備籌畫，為自己儲備人情。

儲蓄好人情，平時就要想朋友之所想，急朋友之所急，在他最困難、最需要幫助的時候，給朋友記一個人情，這樣才能發揮人情的最佳效應，為自己建立起通達的人脈。

世界上最能增值的投資就是人情投資。在日常生活中，有目標地進行長期感情投資，為自己建立起通達的人脈，然後適時適地運用人情效應，就能達到「天時地利人和」的美好境界。

做個圈子裏有信用的人

人在圈中交往時，信用的能量是巨大的，一個講信用的人讓對方從心理上產生交往安全感，願意跟你深交。

如果說講信用是一種做人的美德，那麼，讓人覺得你是可信的，則是一種心理策略，一種人際交往中的大智慧。

春秋五霸之一的晉文公帶領軍隊攻打原國，事先與官兵約定三天結束戰爭。到了第三天，原國還沒有攻下來，晉文公就命令撤退回國。

這時，晉方的間諜回來報告說：「原國人支持不住，就要投降了。」晉方有的將領主張暫緩撤兵，但晉文公卻堅持認為與其為得到一個原國而失信，還不如不要它，因此堅決撤回了圍攻的軍隊。

晉文公雖然放棄了到手的勝利，卻樹立了自己誠信的形象，得到了下屬的敬重。如此一來，他戰爭中的損失也就算不得什麼了。

一個人只有講究信用，才能得到支持，並有所作為。大多數人都喜歡和一個有信譽度的人交往，大到言出必行，小到守時守信，都能夠看出一個人的品格和素養。

西周成王即位時還是個小孩子。一天，他和弟弟叔虞在後宮玩耍，一時高興，就摘下一片桐葉給叔虞，說：「我封你為王。」

第二天，大臣史佚一本正經地要求成王正式給叔虞劃定封地。

成王說：「我這是和他在做遊戲，怎麼能當真呢！」

史佚板著臉說：「君無戲言。」

成王馬上明白了這句話的分量，就把黃河、汾水以東的一百里地方封給了叔虞，這個諸侯國就是春秋中後期強盛一時的晉國。

據說，宋太祖有一天答應要任命張思光為司徒通史，張思光非常高興，一直引頸企望宋太祖正式任命，但是始終沒有下文。張實在等得不耐煩，只好想辦法暗示。

張思光故意騎著瘦馬晉見宋太祖，宋太祖覺得奇怪，於是問他：「你的馬太瘦了，你一天餵多少飼料呢？」

張思光回答：「一天一石。」

宋太祖又疑問道：「不少啊！可是每天餵一石怎麼會這麼瘦呢？」

張思光又冷冷地答曰：「我是答應每天餵牠一石啊！但是實際上並沒有給牠吃那麼多，牠當然會那麼瘦呀！」

宋太祖聽出語外之意，於是馬上下令正式任命張思光為司徒通史。宋太祖終於通過自己的行動兌現了諾言。

在現實中，人與人之間在圈中的交往要做到言出必踐。只有言行一致，拿出「一言既出，駟馬難追」的氣概，才能讓別人信服。另外，遵守約定也是取信於他人的必備內容。在社會交往中我們不可避免地要與他人訂立一些口頭的協議，或訂下某些規則。行動中只有認真執行，才能取得對方的信任。

歷史上曾經有個叫尾生的人，他可是著名的遵守約定者。他與女子相約在橋下立柱會面，逾時女子沒來，河水暴漲，他寧可淹死也不失約離去。故有尾生抱柱之信的說法，今天看他的做法似乎過頭了，但其精神卻永遠值得大家借鑒。

中國人歷來把守信作為衡量一個人為人處世、齊家治國的基本品質，主張言必行，行必果。賈誼說：「治天下，以信為之也。」小信成則大信立，治國也好，理家也好，經商也好，交友也好，都需要講信用。

清代顧炎武曾賦詩言志：「生來一諾比黃金，哪肯風塵負此心。」表達了自己堅守信用的處世態度和內在品格，一諾千金的典故便是由此而來的。信用不像錢那麼簡單，只要你有錢，就可以立即把資金匯入銀行，要取就取。並且，信用就不會像錢這樣來得容易，用得方便，要取得信任是要長時間積累的，信用無法在短時間內形成。因此，我們一定要為自己創造信用，而且要每天不斷地累積。

「輕諾必寡信，多易必多難。」一個人如果經常失信，一方面會破壞他本人的形象，另一方面還將影響其事業。信譽許諾是非常嚴肅的事情，對不應辦的事情或辦不到的事，千萬不能輕率應允。一旦許諾，就要千方百計去兌現自己的諾言，以獲得別人的信任。

身為圈中的一員要深刻認識到，誠信是最高明的處世之道，也是最有效的成功素質之一。人無信不立，不做言過其實的許諾，不做言而無信、背信棄義的醜行，這才是有魅力的人，靠得住的人。所以，縱使萬般艱難，也須言行如一，表裏如一，決不可背信棄義。

真誠待人才能獲得尊重

一個人無論你如何懂得變通，做人還是要從真誠做人開始的。「敦厚之人，始可托大事」。誠實是做人的起點，也是做人的歸宿。離開「誠實」二字，就沒有資格奢談什麼情操、氣節和教養。只有真誠，才能獲得別人的尊重和信任，在複雜的人際圈中立於不敗之地。

少女莉薇天生麗質，言談舉止落落大方，十分招人喜愛。馬克．吐溫一見到莉薇，就對她產生了好感。隨著彼此瞭解的加深，他們真誠地相愛了。但是，莉薇的家教很嚴，馬克．吐溫要想娶她，必須要徵求她家裏的准許。馬克．吐溫找到莉薇的父親，提出了自己的請求。

由於莉薇的父親對馬克．吐溫的為人很不瞭解，便沒有立刻答應他，而是要他拿出資料來證明自己是個品行端正的人。

馬克．吐溫從莉薇的家裏出來後，就去辦這件事。他想讓莉薇的父親瞭解真實的自己，所以，他沒有去找那些欣賞他的人，而是找到六位平時對他不屑一顧的人，請他們每人分別寫出一份證明資料。自然，這六個人的證明資料裏充滿了嘲諷、批評之言，甚至對於這樁婚事也不認同，話裏話外說的都是「此人不配令愛」的意思。

巧偽不如拙誠。馬克．吐溫深知這六份證明資料對自己求婚不利，可還是把它們毫無保留地親手交給了莉薇的父親。

莉薇的父親仔細看完了六份證明資料就陷入了沉思，過了好一會兒才打破了沉默。他凝視著馬克．吐溫問道：「他們都是些什麼人？難道在這個世界上你連一個好朋友都沒有嗎？」

馬克．吐溫心想，大概是沒戲了，他沒做任何辯解地回答說：「這樣看來，的確是連一個好朋友都沒有。」

出乎意料的是，未來的岳父大人對未來的女婿表示：「我喜歡你的真誠，決定同意你和我的女兒結婚，因為真誠可以使一個人的缺點和錯誤變得值得原諒。現在，我比他們更瞭解你。首先，你是一個真誠的人，不隱諱別人對你的不好看法。其次，你也算是一個勇敢的人，敢於拿出對自己不利的資料來求婚。從現在起，我將成為你最真誠的好朋友。」

莉薇的父親沒有看錯人，真誠的馬克．吐溫也沒有辜負莉薇一家人的信任。莉薇成為馬克．吐溫的妻子後，生活十分幸福、美滿，正如她在寫給姐姐的信中所說：「我們的生活充滿明媚的陽光，看不到一絲一毫的陰影……」

事隔多年，有一次岳父提及當年的求婚之事，問馬克．吐溫為什麼要那樣做？他微微一笑說：「知道了我的弱點，你就不會對我期望過高，從不高的期望中發現我的優點，你就會為沒有選錯我而高興和自豪。我是在用真誠求愛。」

馬克．吐溫的岳父滿意地說：「真誠不是智慧，但它時常放射出比智慧更誘人的光芒。有許多憑智慧冥思苦想得不到的東西，靠真誠卻能輕而易舉地得到它。」

一九二八年，散文家沈從文被中國公學學校聘為講師。那時沈從文才廿六歲，學歷只是小學文化，闖蕩上海的時間也不久，身上還帶著一股泥土氣息，卻以靈氣飄逸的散文而震驚文壇，頗有名氣。

但是，名氣不等於經驗，也不等於膽量。在他第一次走上講台的時候，除原班學生外，慕名來聽課的人也很多。面對台下渴盼知識的學子，這位大作家竟整整待了十分鐘一句話也說不出來，真是茶壺煮餃子，肚子裏有貨倒不出來。然後，他開始講課了，可是由於緊張，原先準備要講一節課的內容，竟然在十分鐘內就講完了。

課講完了，可是離下課的時間還早，沈從文沒有死撐面子天南海北地侃下去，而是拿起粉筆，在黑板上一筆一畫端端正正地寫道：「今天是我第一次上課，人很多，我害怕了。」這老實可愛的真誠話語，引得課堂上爆發出一陣善意的歡笑。

●真誠是一種高貴的品質

在華盛頓舉辦的美國第四屆全國拼字大賽中，南卡羅來郡州冠軍——十一歲的羅莎莉．艾略特一路過關斬將，進入了決賽。當她被問到如何拼「招認」（avowal）這個詞時，她輕柔的南方口音，使得評委們難以判斷她說的第一個字母到底是A還是E。評委們商議了幾分鐘之後，將錄音帶倒帶後重聽，但是仍然無法確定她的發音是A還是E。最後，主審約翰．洛伊德決定，將問題交給唯一知道答案的人，他和藹地問羅莎莉：「你的發音是A還是E？」

其實，羅莎莉根據他人的低聲議論，已經知道這個字的正確拼法應該是A，但她毫不遲疑地回答，她發音錯了，是E。

主審約翰．洛伊德問羅莎莉：「你大概已經知道了正確的答案，完全可以獲得冠軍的榮譽，為什麼還說出了錯誤的發音？」

羅莎莉認真地回答說：「我願意做個誠實的孩子。」

當她從台上走下來時，所有的觀眾都為她的誠實而熱烈鼓掌。

第二天，報紙上有一篇報導這次比賽的短文：《在冠軍與誠實中選擇》。短文中寫到，羅莎莉雖沒贏得第四屆全國拼字大賽的冠軍，但她的誠實贏得了所有觀眾的心。

一個人想做成一件事，如果沒有更多的條件可以依靠，但只要誠實，就能把事情做成。真誠是人際關係的法寶。要做到真誠，不能只在外表上用功夫。說話表情雖好，而你的內心不誠，至多成為「巧言令色」罷了。對方如果不是糊塗之輩，定會看出你的虛偽。相反，只要內心真誠，對方能體會到你的誠意，就能被你的真誠所打動。要做一個真誠的人，切忌平時欺騙他人。欺騙也許能得一時之利，卻不能維持長久。如果你的欺騙被人看出，即使以後你真的有誠意，仍會被認為是另一種姿態的虛偽。

寬容可保友誼長青

一個人即使為協調自己人脈圈中的關係作出了很多努力，事實上仍然不可避免與他人發生衝突。現實中，只要人們之間發生交往，就會或多或少產生矛盾，這是由人的天性所決定的。

發生矛盾的原因概括下來有以下幾點：

●觀點不同

這是人與人之間發生衝突的最主要的原因，多發生在主管與成員之間，也經常發生在學術界。古人云：「道不同不相為謀」，由於對同一個問題產生不同的看法，人們之間便相互產生矛盾和隔閡，進而導致雙方互存偏見，相互攻擊，以致發展到勢不兩立的地步。

●趣味相異

這類衝突多發生在同事之間、鄰里之間。不同的人有不同的趣味和愛好，有不同的優點、缺點。張三所崇尚的東西李四未必就崇尚，李四所追求的東西張三可能嗤之以鼻。世界上沒有兩片相同的樹葉，也沒有兩個志趣完全相同的人。俗話說：「物以類聚，人以群分，」志趣不同的人是難以建立密切的聯繫的。

●感情不和

這類衝突主要發生在親屬之間，如夫妻矛盾、婆媳矛盾、父母與兒女之間的矛盾等。家庭是一個人生活的主要場所，如果後院經常起火，一個人是難以把精力和注意力全部投入到事業上的。一個在事業上建立了輝煌成就的人，必定離不開家庭的支持。一個成功的男人背後必定有一個作出巨大犧牲的女人，反之亦然。

●個性抵觸

性格、氣質不同以至相反的人，相互吝嗇也會產生衝突。例如一個急性子人，會看不慣一個慢性子人做什麼事都磨磨蹭蹭；一個慢性子人，又會抱怨一個急性子人幹什麼都風風火火，總之，這兩種人常常互相不能理解和諒解，結果便產生一些矛盾。

●產生誤會

人和人相處，即使主觀上不想發生摩擦，但仍然難以避免產生一些誤會，有些誤會甚至還是根深蒂固、難以消除的。

●發生糾紛

生活中有些衝突是隱性的，比如志趣不同的兩個人之間的衝突未必就公開化，但是也有不少矛盾是會激化的。例如同事之間、鄰里之間，甚至兩個陌生人之間，往往都會因一點小矛盾而發生顯性的衝突，輕則產生口角，重則拳腳相加，以至於發展到不共戴天之仇。

產生矛盾的原因有很多，但是歸根結底還是由於諸如狹隘自私、敏感多疑、剛愎自用等人性的弱點造成的。人們思考和處理問題往往習慣於從自我出發，平時疏於同別人理解和溝通，因而出現矛盾後，總認為真理在自己手中，別人都是錯的。

相互之間發生衝突，應該說對雙方都是不利的，必然會對各自的事業產生消極的影響。一個想要成就一番大事業的人，必須想方設法避免不必要的衝突，千方百計地消除各種矛盾，使自己有一個寬鬆和諧的工作和生活環境。

那麼，在日常的生活和工作中，怎樣才能維持和諧的人際關係，防止同別人產生衝突呢？

一、要胸懷寬廣，高瞻遠矚，保持冷靜

相互之間有了不同的看法，最好以商量的口氣提出自己的意見和建議，語言得體是十分重

要的，應該儘量避免用「你從來也不怎麼樣……」，「你總是弄不好……」，「你根本不懂」這類絕對否定別人的消極措辭。每個人都有自尊心，傷害了他人的自尊心，，必然會引起對方反感。即使是對錯誤的意見或事情提出看法，也切忌嘲笑。幽默的語言能使人在笑聲中思考；而嘲笑使人感到含有惡意，這是很傷人的。真誠、坦白地說明自己的想法和要求，讓人覺得你是希望得到合作而不是在挑別人的毛病。

同時，要學會聽，耐心、留神聽對方的意見，從中發現合理的成分並及時給予讚揚或同意。這不僅能使對方產生積極的心理反應，也給自己帶來思考的機會。如果雙方個性修養、思想水準及文化修養都比較高的話，做到這些並非難事。

如果遇到一位不合作的人，首先要冷靜，不要讓自己也成為一個不能合作的人。寬容忍讓可能在一時覺得委屈，但這不僅表現你的修養，也能使對方在你的冷靜態度下平靜下來。當時不能取得一致的意見，不妨把事情擱一擱，認真考慮之後，或許大家能共同找到解決問題的好辦法。善於理解、體諒別人在特殊情況下的心理、情緒是一種較高的修養。有的人生性敏感，遇到不順心的事就發洩怒氣，這就可能是造成態度、情緒反常或過激的原因。對此予以充分諒解，會得到相應的回報。

心胸開闊是非常重要的，誰能沒有一點言行上的失誤和過錯？別人無意間造成的過錯應充分諒解，不必計較無關大局的小事情。

二、要注意留心觀察，防患於未然

要及時掌握別人的思想動態，努力把各種矛盾和摩擦化解和消除在萌芽狀態，減少或完全消除人們之間的隔閡。

三、以理解的眼光看別人

要知道，大千世界是五彩繽紛的，人也是各種各樣的。別人不可能同我們有完全一樣的志趣，我們不能像要求自己那樣要求別人，每個人都有自己的個性和特點，有不同的長處和短處。

四、寬容別人的過錯，對別人不要求全責備

世上沒有十全十美的人，誰都有可能犯錯誤，要給別人改正錯誤的機會，就像希望別人也原諒自己的過失一樣。要小事糊塗，大事明白，記住：水至清則無魚。對別人要求過高就會曲高和寡，對別人太苛刻就會拒人於千里之外，對別人橫挑鼻子豎挑眼，就沒有人願意同我們共事。除非是涉及原則性的問題要搞清楚是非曲直之外，對一些無關緊要的事，不能抓住不放，

要大事化小，小事化了，甚至有意裝糊塗。絕不應簡單問題複雜化，本來沒有多大的事，卻非要弄個水落石出，論出個我是你非，那只能是「天下本無事，庸人自擾之」。

五、冤家宜解不宜結

即使有了矛盾，也應坦誠布公，想方設法尋求理解和溝通，就事論事，不要把矛盾擴大，要勇於作自我批評，以自己的真誠換取別人的理解。

總之，化解矛盾要首先從自己做起，記住你如何對待別人，別人也會如何對待你，要走進別人的心靈，自己就要首先敞開胸懷。

人際親和力贏得好人脈

永遠把微笑掛在臉上，永遠不說別人壞話，永遠不發脾氣。親和力不是天生的，是一個人源自他的內心對所有事物的愛，有愛心的人總可以看到他的親和力。

英國女政治家瑪格麗特·柴契爾夫人就是這樣一個人。

在大選來臨之前，柴契爾夫人所在的保守黨面臨一個難題——如何制止頹勢？柴契爾夫人的解決辦法是令人信服的，她說：「我們只有一個辦法，走出去，到選民中去。這樣就會最終獲勝。」

保守黨的工作人員經常認為，和柴契爾夫人在一起搞競選很累。她在大街上東奔西跑，走家串戶。一會兒在這家坐會兒，同房東交談一會兒；一會兒又同那個握握手，或向坐著扶手椅的人問長問短；一會兒又到商店詢問價格。大部分時間，她帶著秘書戴安娜跑來跑去。午飯時，他們就到小酒店和新聞發言人羅伊·蘭斯頓以及委員會的其他成員一起喝啤酒。然後，她又去握更多的手，參加集會作演說，接見更多相識過的人。這樣，柴契爾夫人身體力行地贏得了越來越多的擁護者，為競選打下了堅實的群眾基礎。

●親和力是人際關係能力的綜合體現

它一方面表現為主動控制人際交往，另一方面表現為被其他人所認可。

●親和性強的人具有與人為善的心態

他不把人認定成醜惡的、討厭的、難纏的，他認定人是善良的、有趣的、講理的。這樣，在與人交往時，他就會採取一種主動、友善、接近的態度，在他的感染下，對方也會採取相同的態度，雙方的交往會感到愉快和滿意。

通常情況下，有親和力的人在他人眼中有兩個特點：有益，無害。有益是指能給人帶來實際的利益或者心理上的舒適感；無害是指攻擊性不強。也就是說，這樣的人要有一些確實的優點，同時並不是完美無缺的，因為完美無缺的人會產生距離感，減少親和力。

●讚揚的作用永遠都會勝過批評

要建立良好的人際關係，恰當的讚美是必不可少的。心理學家馬斯洛認為，榮譽和成就感是人的高層次需求。一個人具有某些長處或取得了某些成就，他需要得到社會的承認。如果你能以誠摯的敬意和真心實意的讚揚滿足一個人的自我需求，那麼任阿一個人都可能會變得更令人愉快、更通情達理、更樂於協作。恰當地讚美別人，會給人以舒適感，所以在交往過程中，我們要學會發現對方的閃光點，學會恰到好處地讚美他人。

●每個人都願意與親和力強的人交往

如果某個人在與人交往中表現出傲慢、冷漠、拒人於千里之外，那麼會使別人感到不快、彆扭、受到侮辱，因而不願意和他交往；如果某個人在和他人交往時表現出害羞、膽怯、縮手縮腳，那麼，別人和他打交道時也會覺得不那麼舒暢，雖然不會引起別人的厭惡，但也影響人際交往的品質，無法達到心靈的共鳴。

●「知人者智，自知者明」，知人固然不易，然而知己更難

一個親和力很強的人對人對己都有很強的理解力和洞察力。他能夠知道自己是一個怎樣的人，知道自己的優點和缺點，對自己既不誇大也不妄自菲薄；對別人能夠體察入微，認識到每個人都會有自己的個性、愛好和禁忌，在與人交往時，不把別人看得過於高大，以至使自己害怕，同時又能尊重別人。

一個人之所以表現出很強的親和性，是因為他對自己、對別人具有很強的理解能力。培養自己良好的親和力，是人生的一門必修課。

提升自己，成爲值得利用的人

世上沒有哪個人會主動地想去認識一個乞丐，但是有多數人對能夠認識達官貴人而趨之若

鶩。無非就是為了能沾這些貴人們的光，利用他們的聲望和權力，對自己的事情有所幫助。

在現實的社會中，當一個人有了能被他人「利用」的價值時，別人才會主動地接近你、認識你，從而他們可以得到需要的幫助。所以，想要有一個良好的人脈，去認識有「利用」價值的人是一種途徑，但更重要的是打造自己，使自己成為一個有「利用」價值的人！

當你足夠優秀，當別人看到了你的價值，那麼你就會被認可、被重視，主管會考慮提拔你，給你更大的平台去展示；他人會去接近你，期望你可以對他們有所幫助。相反地，若你一直平凡，一直不被人所發現，那麼你的機會就很小了，你始終在從前的小範圍活動，沒有擴展更大、更廣、更有用的交際圈。而其他人在此期間卻把事業和人際都處理得相當好。同時，由於心理失衡，容易產生怨天尤人的消極情緒，總覺得什麼都不夠理想，總覺得自己被埋沒了。其實，是你沒有展示出自己的價值，所以你也沒有得到應有的平台。

比如，有很多人都熱衷跳槽，覺得在此公司沒有發展前途，於是就跳到另一個地方。但跳來跳去也沒有什麼結果，反而浪費了大量的時間和精力。究其原因，就是他們只是忙著跳槽，而忽視了提高自身的價值。這樣即使跳槽到八十歲，仍然跟剛畢業時的收入差不多，甚至那個時候可能窮困潦倒得連買一副棺材的錢都沒有了！

一個人的工作經歷，最終只能是為自己的簡歷增添幾句敘述的文字而已。跳的公司多並不能代表你就有能力，只有在工作中體現了你的價值，讓上司真正看到你的能力，願意「利用」你為公司提供更大的利益，才會給你更多的機會替他創造更多利潤。

這說明，一個人只有在工作中積極創造自己的價值，才可以在事業上展現更多的才能，才會博取上司更多的青睞。當上司發現你的價值時，別人也會發現，這對你在發展人脈上同樣會有莫大的幫助。

這一點如何強調都不過分，把自己打造成一個優秀的人比什麼都重要！強調環境的因素往往只是為自己的失敗找一個藉口罷了。

社會的真相就這麼簡單，只要你自己強大了，外界的一切都是可以克服的。也許你認為自己現在還沒有突出的價值，那麼就從現在開始吧，積極創造自己的價值，當你有了「利用」價值以後，機遇也就會自己送上門了！

套牢關係要經常保持聯絡

圈中的人際關係需要精心經營和維護，在與朋友間的交往中需要培養一種習慣：沒事的時候也要記得與他們經常保持聯絡。

如果平時連一聲問候也沒有，到了有事相求時才找出塵封已久的名片簿查找別人的聯繫方式，與別人聯絡結果是可想而知的。

生活在社會中的每個人，時時刻刻都要在群體活動中度過，沒有群體活動的人生是沒有任何意義的，所以，社會交際、朋友間的聯絡便成了人生的焦點問題之一。

而人際交往則是簡單而又複雜的社會現象，每個人從早到晚、從生到死都離不開與別人交往，聯繫和交往是那樣地司空見慣、習以為常。每個人都有難以把握的心理因素，有著猜不透的秘密。在進行交往和聯絡的過程中必須講究一定的技巧和藝術。

觀察身邊各種性格的人，哪種人的朋友最多呢？為人細心、周到、熱心腸的人通常擁有的朋友比較多。因為他們關心朋友的感受、平時願意主動去聯絡朋友的感情、去關心別人，並讓朋友真正體會到自己的關心。

良好的友誼依賴相互的瞭解，人與人之間的瞭解依靠彼此在思想和態度上的溝通。許多人苦於自己的意見不被採納，其實是由於自己不肯和朋友溝通意見，沒有掌握「使自己的意見被他人採納的策略」的緣故。

勤聯絡，能促進人與人之間的和諧，更是人際交往的潤滑劑。

告訴他，是自己人

通常，在圈中的人際交往中，人與人相互之間會產生影響，時間長了，彼此總會產生一些相同的東西。

在交往過程中，有些交際高手會通過一些方法強化這種影響，融洽彼此之間的關係。「自己人效應」就是一種彼此影響下的心理現象。所謂「自己人」，就是指對方把你與他歸於同一類型的人。善於交際的人會利用「自己人效應」在他人心中建立起歸屬感，以達到融洽雙方關係的目的。

心理學研究表明，每個人都害怕孤獨和寂寞，希望自己歸屬於某一個或多個群體。最初人們需要家庭，繼而希望融入其他團體。

群體的歸屬是人的一種需要，這種需要不僅是身體上的，更是心理上的。當歸屬感被滿足時，人們就可以從中得到溫暖，從而消除或減少孤獨和寂寞感。「自己人」就是一個滿足歸屬感的方法。

無論孩子還是大人，如果找不到歸屬感，就會一直製造麻煩，永遠無法安樂，這樣既會傷害自己，也會傷害別人。從某種意義上講，人際交往其實就是一個尋找歸屬感的過程。當你通過交往建立起自己的朋友圈子時，就滿足了自己內心歸屬的需要。如果你想結交一個朋友，你就需要融入對方的圈子，從中找到自己的歸屬。當一個人被告知是「自己人」的時候，心中就會不由自主地變得溫暖起來，從而使他對「自己人」所說的話更信賴、更容易接受。

利用「自己人」效應，滿足人們內心的歸屬感要求，深入人心，就可以輕而易舉地贏得他人的認可。

要得到他人的信任，就必須把對方當成自己人，通過「自己人效應」激發對方內心的歸屬感，這樣才能撥動對方的心弦。

很顯然，僅僅通過威嚴、名望是難以說服別人的，即便你有好的建議，如果不能讓對方信任，也難以讓他接受。如果能夠通過強化「自己人效應」來激發對方的歸屬感，那麼取得別人的信任就不難了。

一般來說，在生活中遇到挫折或困難時，對歸屬感的需求就會更加強烈。事實上，很多事情並不是一個人所能承受的，這就需要更多人的支援。而在碰壁之後，受傷的心需要修復，這也離不開他人的幫助。

歸屬感包括五個維度：**舒適感**、**識別感**、**安全感**、**交流感**、**成就感**。

對此，「自己人」都可以將這些一一滿足。要想通過歸屬感來融洽人際關係，最好的辦法就是利用「自己人效應」。當然，「自己人」不可亂用，應該掌握正確的方法。

●首先，應強調雙方一致的地方

要讓對方認為你是「自己人」，從而使你提出的建議易於被接受。如果你沒有根據就稱自己為對方的「自己人」，對方不僅不會信任你，反而會覺得你輕浮不可信，甚至懷疑你有所圖謀。

●其次，應使雙方處於平等的地位

如果彼此所處的位置不一樣，即使你的言辭表述冠冕堂皇，也不能引起對方的共鳴。無論是同甘共苦，還是換位思考，都是為了讓彼此的心靈處於同一平面上，這樣才有可能產生「共振」。要想取得對方的信賴，先要和對方縮短心理距離，與之處於平等地位，這樣就能提高你的人際影響力。

●最後，要有良好的品行

如果一個人缺乏良好的品行，即便他把別人當成自己人，別人也不屑於與之為伍。試想，誰願意與品行不良之人為伍？

總之，要想讓自己的人際關係更融洽，讓別人更加相信自己，就要擅用「自己人效應」。

建立好你的「人脈檔案館」

維護人脈，就要精心建立一張關係網。精心做事方能做好，精心交際人緣更廣。沒事想不到朋友，有事慌慌張張八方求助，這樣的人永遠吃不開。善於交際要有方法，不妨為自己建一個「人際檔案館」，將朋友匯總歸類，具體朋友具體方法，既省事又奏效。

美國前任總統柯林頓就有填寫人員卡的習慣。他每天晚上臨睡前，都會在一張卡片上列出自己當天聯繫的每一個人，並注明詳細的時間、地點、會晤的細節以及一些有用的資訊。然後，他讓秘書將自己的人員卡輸入建好的人際關係網的資料庫中。等再次需要與這些人聯繫時，他會讓秘書打開他的人際網資料庫，找到具體的人員，然後很方便地就能通知到個人，並且在電話中，秘書會告訴對方上次與總統會晤的具體情況，這樣對方會很高興地再次與總統會晤。

著名麵包商羅威路，一直用這種方法銷售麵包，他每天都給許多飯店老闆打電話，並參加對方的社交活動。能查到老闆個人資料時他絕不放過，包括老闆的生活習慣、個人愛好、興趣特長等等，然後將其裝訂成冊，建立一個「飯店老闆檔案庫」。他每次與這些飯店老闆交往的時候，都是從他們的興趣領域談起，從來不談自己的麵包。

幾天之後，許多飯店老闆的廚師長就會打電話給羅威路，要他派人將麵包的樣品和價目表送過去。許多廚師長都很納悶：這個麵包商真厲害，從來沒見他做過任何推銷麵包的廣告，不知怎麼搞的老闆就催我下訂單了，真是怪怪的。他哪裡知道羅威格早就做好了「飯店老闆檔案庫」啊。

羅威格的「飯店老闆檔案庫」建得真夠專業的，一下子省去了他所有的廣告費和促銷人員的工資，效果還出奇的好。生活當中，其實我們認識人的數量上也差不多，但是交往的方式與程度就差別大了。有了「人脈檔案庫」，我們就會在某階段有明確的目標與某些人來往，不會在沒必要的應酬中耽誤自己的時間。

我們不妨先將所有的人員分一下類：

一、同學群體

這一部分都是你的同學，新老同學都有。只要是你能聯繫上的，儘量將其納入其中。因為同學關係比較特殊，情誼是比較純潔的，即使當時在學校時你與個別人有矛盾，走出校門，邁入社會這個大環境中，再相見時你們的感覺完全是兩樣的。

你可以留意一下身邊的人，他們最要好的朋友當中，大部分都會是他們的同學。不要再計較學校時期的面子，大膽與他們聯繫，邀請他們光榮地加入你的人際關係檔案館，這類群體可要安排在你的貴賓席喲。

二、同事群體

同事這個陣容也不小，你可以將你以前工作中的左鄰右舍都請過來，記錄在案。即使你對以前或現在的單位有些不滿意，也不要怪罪到你的同事與主管身上，而要認真反省你自己。這些人讓你懂得了職業技能，學會了業務技巧，沒有這些人的幫助，你在任何職業領域都難以生存。這一群體要好好相處，與他們公私分明，既能成為工作中的夥伴，也能成為生活中的朋友。

三、好朋友群體

也許這部分人與你志趣相投，所以與你走得比較近。既然有共同愛好，就多交往，不要輕易超越你們的志趣範圍，不然對方會以為你與他交往帶有極大的功利性。交往到一定程度方可進行更廣的交涉，給人留下清爽淡雅的印象對你是最有利的。

四、潛力朋友群體

這類群體中的人員相對來講比較雜了，同學、同事、好友都可能有，但是最重要的一點是這類群體與你存在著很多默契點，有潛力挖掘，如果你能抽出時間多交往的話，友誼深度會迅速增加。你要留意所有的熟人與朋友，精心選出這批人，特殊對待，該加溫時要加溫。許多朋友就是因為沒有精心挑選，也不按時加溫，導致與許多有潛力的朋友不深不淺的，令人遺憾。

五、一般朋友群體

沒有過多相投之處，又得應酬的朋友，就是這種一般朋友了。混個面熟就行了，非要與對方深交，你反而不明智了。一個工廠職工非要與一位看大門的搞成知己，出力不討好，別人還以為你沒有朋友呢。

分完類後，我們可以在個人檔案內容設計方面下工夫了。個人的住址、聯繫方式、生日、飲食愛好、職業特長、性格特點、辦事風格等重要內容要寫清楚，以便隨時聯繫。內容設計好以後，是不是就完事大吉了呢？當然不是，下面才是重頭戲呢，就是你怎樣當好這個檔案館的館長了。按不同的群體做好記錄，何時打電話問候哪個群體，哪些人需要你隔一段時間親自拜訪一趟，哪些人可以幫自己的忙辦點小事情，哪些人有重要事情時才能求助，哪些人已經幫助自己幾次了，等等。這些你都隨時做好記錄，隨時保持，隨時更新檔案。

山沒有「脈」，就無所謂巍峨、綿延千里；樹葉沒有「脈」，就難以枝繁葉茂、遮風擋雨；人沒有「脈」，就無法施展才能，實現個人的價值。

人脈就是門票，讓你暢通無阻、走向成功；人脈就是信用卡，讓你積蓄實力、厚積薄發；人脈就是鑰匙，關鍵時刻為你打開封閉的門窗，迎來廣闊無垠的新天地！

第五章

人脈「加法」，不斷拓展你的人脈圈

人脈就像加減法。運用加法，人脈會不斷增加，圈子也會不斷的變大；運用減法，人脈必然會不斷減少，圈子也會越來越小，圈子小到成一個點時，便成為一個孤立、失去所有朋友的人。因此，要想拓展你的圈子，就要做好人脈「加法」。

拓展人脈需要積極主動

在現實中，很多人雖然有自己的圈子，但他們卻在圈子裏缺少朋友，他們是圈子中被動的回應者，從不敢主動與人交往，更別說拓展圈子了，這樣，使他們雖然生活在一個交際範圍極廣的圈子裏，卻仍然無法擺脫心靈上的孤寂。這一類人，只能做交往的被動回應者，不會做交往的主動者。

要知道，別人是不會無緣無故對我們感興趣的。因此，如果想贏得別人的信任，與別人建立良好的人際關係，擺脫孤獨的折磨，就必須去主動交往。好的人際交往屬於那些經常採取主動的人，這正是一種做人的互動原理。

按照古人所說，即「投之以木瓜，報之以瓊琚」。瓊琚是一種美玉。

這句話的意思說明了回報往往比受贈大得多。在人際交往中，有許多偶然的事情將決定自己未來的命運，但世上沒有無源之水，無本之木。你必須懂得積極主動，也就是懂得主動去尋找關係，將愛心和誠心放在首要的位置，你才能贏得對方的尊重和好感，也許，有一天，你就會收到這種意外之喜。

有這樣一則故事：

在一個多雨的午後，一位老婦人走進費城一家百貨公司，大多數的櫃檯人員都不理睬她。就在這時，有一位年輕人走過來問她是否能為她做些什麼。當她回答說只是在避雨的時候，這位年輕人沒有向她推銷任何東西，雖然如此，這位人員並沒有離去，轉身拿給她一把椅子。

雨停之後，這位老婦人向這位年輕人說了聲謝謝，並向他要了一張名片。幾個月過後，這家店長收到了一封信，信中要求派這位年輕人前往蘇格蘭收取裝潢一整座城堡的訂單！

這封信就是這位老婦人寫的，而她正是美國鋼鐵大王卡內基的母親。當這位年輕人收拾行李準備去蘇格蘭時，他已升格為這家百貨公司的合夥人了。

洪福不是隨便就能獲得的，這要看你是否能積極主動地發現良機。這位年輕人能獲得極好的發展機會，主要原因就在於他比別人更積極、更主動，比他人更懂得尊重人與人之間的關係。雖然他的行為看似普通，但是足夠打動老婦人的心，使其對他有了極大的好感，從而才有了他後來的好運連連。

著名社會心理學家霍曼斯提出，人際交往本質上是一個社會交換的過程。換句話說，我們在交往中總是在交換著某些東西，或是物質，或是情感，或是其他。

人們都希望交換對於自己來說是物有所值的，希望在交換過程中得大於失或至少等於失。不值得的交換是沒有理由的，不值得的人際交往更沒有理由去維持，不然我們就無法保持自己的心理平衡。因此，人們的一切交往行動及一切人際關係的建立與維持，都是依據一定的價值尺度來衡量的。

由此，在這個觀念的引導之下，社會生活就產生了一個新的原則，那便是——每當進入一個新的環境，每當有機會接觸新的領域的時候，最重要的事情就是結交這個新環境的人，建立人際關係，並且必須積極主動，由於大多數人都是被動的，他們不會走上前去和你主動結交，除非你主動，要麼永遠不會有人主動找你，這是人之常情。

倘若你擁有超越常人的主動性，你就會贏得很多朋友，也就有了一切。

記住，在人際交往中，人際關係最為重要。只有當你有了超越常人的地方，當你出名的時候，他人才會主動找你；否則，在此之前，你必須主動地去走進他人的世界，去建造自己的人際關係網。

其次，你吸引他人靠的是自己的長處、優勢，因此，必須讓自己的優勢展現在他人面前，只有這樣才會吸引他人。

最後，最重要的也是核心所在，那就是超人的主動，主動地去結交職場中的每一個人，進入一個新環境的關鍵任務就是結交朋友，建立人際關係，長期地堅持練習，使之成為一種習慣，這樣你便可以在任何地方都有立足之地。要知道，積極、主動是另一種勇敢。

用漸進的方式結交圈中的朋友

圈中有人好辦事，你要涉足某個領域，就要多結交這個圈中的朋友，只要你圈中的朋友多了，什麼樣的難題都可通過朋友間的聯絡得到解決。結交圈中朋友最好的方法是漸進式地接近，尋找雙方的共同點。

俗話說：「人情賣給熟面孔。」圈內人相互照顧是常有的事。因此，聰明人與陌生人拉關係，善於講究方法，講究步驟。只要能打開突破口，就要毫不放鬆，接二連三地貼上去，日久天長，雙方的關係就有點兒扯不清了。這裏總結了一套技巧，現介紹如下。

●首先，製造機會，接近對方

人對自己身體四周的地方，都會有一種勢力範圍的感覺，而這種靠近身體的勢力範圍內，通常只允許親近之人接近；如果允許別人靠近你的身體四周，就會有種已經承認和對方有親近關係的錯覺，這一點對任何人來說都是相同的。

某雜誌刊登過這麼一則標題，就是「手放在你肩膀上，我們已是情侶」。的確，本來一對陌生的男女，只要能把手放在對方的肩膀上，心理的距離就會一下子縮短，瞬間就會在心理上產生雙方是情侶關係的感覺。推銷員就常用這種方法，他們經常一邊談話，一邊很自然地移動位置，試圖挨到顧客身旁。

因此，如果你想及早營造親密關係，就應製造出自然接近對方的機會。

●其次，見面時間長不如見面次數多

成功的推銷員，會經常到主顧家中去，被認為是和主顧熟悉的要訣之一，尤其是以「我到附近來辦事，順便來看看你」這種說法，更能讓對方覺得你們是熟人，更能抓住主顧的心。

在人際關係方面，使對方產生親近感，是給予對方良好印象的基本條件，而要滿足這項條件，利用這種「分散效果」，可說是給對方強烈印象的科學的方法了。

我們在與對方交往的過程中，必須注意一些法則。

這個法則就是「一回生，二回半生不熟，三回才全熟」。也就是要採取分散漸進的方法，而且是長期的，使對方不知不覺的。對此，善交際的聰明人是這樣解釋的。

第一，人都有戒心，這是很正常的反應，一回生，二回就要「熟」，對方對你採取的絕對是關上大門的自衛姿態，甚至認為你居心叵測，因而拒絕你的接近，有權勢之人，更是如此。

第二，每個人都有「自我」，你若一回生，二回就要「熟」，必定會採取積極主動的態度，以求儘快接近對方。也許對方會很快感受到你的熱情，而也給你熱情的回應，可是大部分人都會有自我受到壓迫的感覺，因為他還沒準備好和你「熟」，他只是痛苦地應付你罷了，很可能第三次就拒絕和你碰面了。

多個朋友多條路，我們應當努力擴大交際圈，把陌生人變成好朋友。不過與陌生人結交時，千萬不要急在一時，交友應該是漸進式的，不要讓對方覺得你是帶著目的與自己交往的。

借用鄉情關係拓展人際局面

如今的社會，人口的流動性很大，很多人都在外地漂泊，孤身在一個陌生的環境中，既無親又無鄰，拓展人際關係較為困難，這時不妨從同鄉關係入手，打開局面。

一般來說，一個人發達了，總想提拔一些同鄉人，以此來作為自己的心腹。曾國藩用兵只喜歡用湖南人；中國歷史上最成功的兩大商幫——徽商和晉商不管走到哪裡，都是老鄉拉幫結派，成群結夥的。正是同鄉之間互相幫助，互為支援，才成就了晉商和徽商歷史上的輝煌。

在很長一段時間內，中國幾乎所有商業繁盛之地，其最惹眼、最氣派的建築不是徽商會館，就是晉商會館。會館者，老鄉交遊約會之館也。如今，一個人要外出創業，比如一個湖南人要到深圳創業，或者一個福建人要到紐約創業，老鄉眾多仍然是最有利的條件之一。這是近年來各地同鄉會風起雲湧的原因。同學資源和同鄉資源，可並稱為創業者最重要的兩大外部資源。

當然，對於同鄉關係，我們要學會結、學會拉，這樣才能收到良好的效果。老鄉與其他關係不同之處就在於，老鄉之間的關係是以地域相連的，有一份「圈子」內的溫情存乎於心。

戰國時期，衛子期在一個很小的蔡國當上了大夫，身受國君器重。但蔡國在當時地小人少，經常受別的大國欺負，為此，衛子期深感不安，與國君商量要找個大國作為靠山，最後，他們挑中了地處鄰毗的楚國。

可是怎樣才能將這種意思傳達給楚王呢？又怎樣才能成功呢？還有，應怎樣做才能做得既顧及國家體面，又能達到目的呢？

這些問題困擾了衛子期很長一段時間，他經常日思夜想。終於，他想到了一個主意，那就是找楚王身邊的侍從公羊獨，他是蔡國山齊郡人，與衛子期剛好是同鄉。

於是，衛子期在通過其他人與公羊獨接過頭後，就化妝成一個商賈，前往楚國都城郢。

到了公羊獨的府第，衛子期托僕人將一盒東西送進去給公羊獨，不一會兒，只見公羊獨親自帶領家人，前來迎接衛子期。

是何物竟使得公羊獨如此看重呢?原來，衛子期當時在國內也為要送公羊獨什麼禮品深感頭痛過，他知道公羊獨家產龐大，富可敵國，如送黃白之物則定然不喜，於是他出奇制勝，特叫人準備蔡國山齊郡的特產——鹹魚乾二十馬車，一路浩浩蕩蕩開往楚國。

公羊獨在楚國什麼都有，什麼也不缺，但他有一個癖好，就是愛吃自己家鄉生產的鹹魚乾，可一直苦於吃不到正宗的鹹魚乾，這次，衛子期以如此大「禮」相贈，他焉能不喜，焉能不樂呢?

這個例子很明顯地告訴了我們在老鄉關係上，這「禮」該怎麼送，送些什麼，衛子期實在很高明!他抓住了公羊獨這個老鄉的癖好，投其所好，最後達成了目的。

老鄉之間除了可用「鄉音」引起共鳴外，「鄉產」也是一樣，它是很普通的東西，本身也許並不貴重，但在「鄉產」上所包含的情意卻非「鄉外人」能看出來，體會出來的，它會起到勾起老鄉思鄉之情的作用，然後會在這種感情的支配下，對你這位老鄉「另眼相待」，照顧有加。

我們應該借用鄉情關係作為自己接洽、聯絡人的紐帶。現今同鄉觀念在人們頭腦中根深蒂固，足以影響一個人的思想感情和人脈資源態度，那麼我們在日常交往中就不可忽視它。最起碼可以為你在有求於人時提供一條「跑關係」的線索。對於同鄉關係，只要不搞歪門邪道，沒有到「結黨營私」的程度，則完全是可以善加利用的。

要善於開採和利用同學資源

同學關係本身就是一種非常可貴的資源，用現今的話來說，同學關係也像礦產一樣是一種資源，我們要善於開採並加以利用。

我們在研究數千個成功者案例中發現，在許多成功者的身後都可以清楚地看到他們同學的身影，有的是少年時代的同學，有的是大學時代的同學，還有各種成人班級，如進修班、研修班上的同學。

小布希是耶魯的學生，國務卿賴斯是耶魯的，美國國土資源部部長也是耶魯的。

在泰國，同學關係與戰友關係一起，是一個人出人頭地的基本要素。而且，泰國講究的同學關係是留學的同學關係，最好是劍橋、牛津、哈佛、耶魯的同學。

同樣，在日本，東京大學的優秀畢業生把持了日本最重要的公務員崗位。

如果把你的小學、中學、大學同學的聯絡方式都收集起來，你就會發現，這已經是一張編織得非常龐大的網了。何況有時會與比較要好的同學的朋友也相處不錯，關鍵的時候也可以互相幫助。

同學這種關係需要精心維護，如果平時不聯繫，需要幫忙的時候才想起人家，很可能得到寒心的結果。

在古代也有一些非常重視同學關係的好例子。姚崇是唐玄宗時期有名的宰相，權傾當朝。在姚崇的同窗之中，有一人深得姚崇的敬佩。那是在姚崇高中秀才後，他與一位叫張宗全的秀才同拜一位老師門下繼續深造，以期將來能考中進士，光宗耀祖。

一次，老師要姚崇與張宗全就某個題目寫一篇文章，兩天之後他要考核。這兩位學生下去都精心作了準備，將自認為寫得最好的一篇交了上來。事有湊巧，姚崇與張宗全所寫的內容幾乎完全一樣，且觀點也相當一致，這如何不使老師為之惱火？沒想到自己門下兩位最得意的門生敢剽竊他人作品，這如何了得？

看到這種情況，姚崇據理力爭，聲明文章絕非剽竊。而張宗全作品也非剽竊他人，但為了平息老師的怒火，他就對老師說：「這實屬學生不該，前兩天與姚崇兄弟論及此題，姚兄高談闊論，學生深感佩服，遂引以為論。」

老師聽到這番話，也知錯怪了兩位學生，就息了怒。事後姚崇心裏為此深感佩服，為張宗全的廣闊胸襟所感動。姚崇當了宰相以後，遂向唐玄宗推薦此人，唐玄宗在親自考核張宗全的才華之後，深以為信，便封了他一個正三品官銜，專職外藩事務。

能為同窗，實屬有緣，大千世界，芸芸眾生，此緣當可足惜，當應珍惜。

讓網路成爲你打通人脈的八腳章魚

有人打比方說，網路就像一隻八腳章魚，它的觸角每時每刻都在不停地集合、交錯著。當這隻「八腳章魚」不停地集合、交錯的時候，大量的資訊和人脈等資源就會攫到手中。一個眼光獨到的「脈客」（這裏指精通人脈投資的人），就應該「該出手時就出手」，將網路上的人脈通通裝進自己的「口袋」。

今天，我們已經徹底步入了一個資訊化社會，資訊化社會的一個明顯特徵就是：網路漸漸成為影響到當代人工作和生活中的個個細節的重要因素，它一下子將人們的社交範圍擴張到極點。在這種環境下，人們對資訊的意識，對開發和使用資訊資源的重視程度越來越強。於是人與人的聯繫方式也趨向於多樣化，E-mail、MSN、BBS、Facebook、Twitter等等，應有盡有。這些溝通方式的誕生，打破了人們常規的交往模式，也極大限度地縮短了人與人之間的距離，使很多以前根本不可能的事，通過網路都能夠很快地得到實現。

網路時代的到來，為我們帶來巨大便利的同時，也帶來了駭人的商機，很多網路公司正是抓住了這一商機，應運而生、伺機而起。

網路上的商機又是從何而來呢？幾乎全部都是附著於網路這條八腳章魚上的隱形人脈提供的。網路的滾滾財源，其實就是網路上的強大的人脈資源。

那麼，怎樣打通這條虛擬的人脈通道呢？以下幾種方法值得一試：

一、利用簡單普遍的聊天工具

說起聊天工具，我們再熟悉不過了，像BBS、Facebook、Twitter等等，都是人們熟悉的即時通訊工具。大概凡是知道網路為何物的人都擁有至少幾個類似的通訊工具。其實，這類工具的作用，又何止是聊天工具？它還可以作為我們的查詢工具。利用這類工具，我們可以十分便捷地搜索到多數我們想結交的人。

這類通訊工具，簡單實用，而且方法快捷，可以讓你在短短的幾秒內聯繫到一個在世界任意一個角落的人。這就是網路的神奇。

二、讓E-mail為我們的人脈保駕護航

隨著網路的應用和普及，人類的通訊方式也發生了翻天覆地的變化，用筆寫信的方式逐漸被E-mail所代替。因為工作和生活的快節奏化，現代人對友情對親情的忽視也達到空前的地

步，而電子郵件的出現，則挽救了這一現狀。

要知道，E-mail是一種非常廉價而且快速的聯繫方式，幾秒鐘的時間就可以以豐富的表現形勢將你想要表達的資訊傳送給世界任何一個角落的用戶。所以當你在忙碌、無暇顧及眾多的朋友時，不妨抽出幾分鐘的時間發幾封電子郵件，既愉悅身心，還能為你們的友誼保駕護航。

三、BBS、Facebook、Twitter……這些功能不可忽視

BBS、Facebook、Twitter就是這樣的一個平台，它給分佈在五湖四海的朋友們一個無比暢快的溝通交往的機會，志同道合的人們可以很迅捷地找到對方。你可以更容易在網路這個大群體中找到對自己有利的人，對自己有利的資訊和對自己有利的機會。通過這種物以類聚的生態方式，與現實進行互動，你會發現它們很像現實生活中的人際圈。

四、個人網站——看不見的聚會廳

有人把網站比喻為「看不見的聚會廳」，這個說法特別貼切。網站是指個人或團體因某種興趣、擁有某種專業技術、提供某種服務或把自己作品、商品展示銷售而製作的具有獨立空間功能變數名稱的網路空間。在網站裏你可以購買商品，出售自己的產品，與客戶或朋友進行交

談達到盈利，達到彙聚人脈的特殊功效。

網路就是這麼一種奇妙的東西，運用得好你就能廣結人脈、財源滾滾，你的一生都會受益無窮！

熟人鏈效應，善待你遇見的每個人

據美國專業人士分析，如果隨意挑出兩個美國人來，例如：愛麗絲和約翰，那麼，他們相識的可能性只有二十萬分之一。但是愛麗絲認識某人，某人又認識另一個人，另一人又認識約翰，這種可能性卻要高達百分之五十以上。這就是社會心理學中所謂的熟人鏈效應。

這條熟人鏈無始無終，如同經緯線一樣罩著整個地球。社會生活中的每一個人，都是這個熟人鏈上的一環。而要想在社交場合中遊刃有餘，就要充分利用熟人鏈效應。

心理學家認為：世界上任何兩個人只要通過七個中間關係，就可以成為同一條熟人鏈上的某一環。只要你願意通過熟人的熟人的熟人介紹，我們就能夠認識想認識的人，能夠辦成想辦的事。

很多時候，你會在一個意外的地方，碰到一個你認為絕不會碰上的人；有時在旅途中，你和一個陌生人相遇，聊到了某個話題，結果發現與這個話題相關的某人你們都很熟悉，於是就會感慨：這個世界真小！

正因為這個看似很大的世界實際上很小，你所遇到的每一個人說不定哪天會和你有牽連，所以，重視每一個人，才能使熟人鏈上的每一環都很牢固。

結識一個陌生人，走進一個新圈子

懷特曼說：「世界上沒有陌生人，只有還未認識的朋友。」這句話真的有道理，就算我們現在熟稔的朋友，不也是由陌生人轉變來的嗎？

每天我們都在跟不同的陌生人擦肩而過，那麼當你與一個陌生人擦肩而過時，有沒有想過這樣一個問題，那就是假如你能認識這個陌生人，你就等於打通了一個陌生的圈子。因為在這個陌生人的背後，有一個很大的人脈圈子存在著，正如你有一個人脈圈一樣，這個陌生人也有自己的交際圈。

讓我們再深入地思考一下就會得出一個結論：結交帶圈子的陌生人其實是一種拓展人脈的快捷有效的方法。但我們該如何與陌生人打交道，以最快最好的方式化陌生為熟稔，將他的人脈圈子化為已有呢？

這個得從人的心理上開始說。我們平時說兩個人是陌生人，這裏的「陌生」其實指兩個人的心理距離，人與人越陌生，心理距離就越大。這種距離就像一堵牆，將人們隔開，如果你想跟一個陌生的朋友成為至交，那麼只有推倒這堵又冷又硬的牆，如此你就一定要學會如何與陌生人溝通交往。

所以，跟一個陌生人交往，你需要克服的最大障礙就是自己的「心理障礙」。這層障礙不除，你們將會永遠都是陌路人！其實，與陌生人交往是令人心情愉悅的事情，你可以回憶下當一個陌生人主動與你交談時你內心的激動就會明白，無論是主動認識別人還是被動與人相識，都是讓人很開心的。

如果你細心的話，你可能會有這種發現，在一個相互間都很陌生的派對上，百分之八十以上的人都在等著別人來與自己打招呼。不過每個人都不願意主動說話，可能是出於防護意識。總之，他們像木頭人一樣，在會場上一動不動；而另有一些人則不然，他們東遊西走，侃侃而談，他們總是主動伸出自己的友好之手，一邊做著自我介紹，一邊通過眼神、手勢等交流，很快他便與數人打成一片，其場景歡欣無比。

可能你還會漠視著這種做法，但請想想這種做法是不是真的具有積極的意義呢？不言而喻，主動向陌生人伸出友好之手，這種做法會使對方產生「他鄉遇故知」的美好感覺和心理上的信賴。

如果他的歡聲笑語和熱情姿態傳達到了會場的每一個角落，那麼，無疑這個人將成為此次會場中最受關注、最容易被人記住，最受眾人歡迎的人物。

美國前總統羅斯福是結交陌生人的高手。在他還沒有做總統的時候，有一次參加宴會，他看到好多自己不認識的人，不禁大為心動：如果能把這些陌生人都變成自己的朋友，那將是一筆多麼大的資源呀，他略加思索，便想到了一個好辦法。

他首先找到自己熟悉的記者，從他們那裏把自己想認識的人的姓名、情況打聽清楚，然後主動走上前去叫出他們的名字，一邊伸出手去，一邊談論起他們有共同興趣的事情。利用這個方法，羅斯福認識了會場上很多重要的大人物。後來，他運用這個方法為自己競選總統贏得了眾多的有力支持者。

羅斯福正是在不斷地結識陌生人的過程中，逐漸積累起來其龐大的人脈，從而在人脈中求得成功的生存技能。當你與陌生人交際的本領越來越強，你的生活就會變得越來越豐富有趣。

有人說，成功者與平凡者的最主要區別之一，就是成功者認識的朋友比平凡者要多得多。成功者為什麼能認識多得多的人呢？他們肯定非常樂於與陌生人交往，每一個陌生人都代表著一個陌生的交際圈，成功者認識了很多的陌生人，由此他也連接到了無數的交際圈，所以他的人脈圈，在短短的時間內擴展到了簡直駭人的地步。

要做到結識一個陌生人，其實是一件多麼簡單的事情呀，你只需主動把手伸出去就可以了！當你嘗試著將自己的手向陌生人伸去，並鎮定自若的介紹自己時，你會發現，主動接觸比被動交往真的要輕鬆多了。

當你養成與陌生人交往的習慣後，漸漸你在與人交往的時候就會越來越灑脫，越來越隨心隨性。你的朋友隨之越來越多，事業發展的門路越來越廣，無論你從事的是什麼事業，你都會越做越興旺！

開拓人際關係需要大膽結交貴人

個人的力量始終是有限的，想擁有好人脈，一定要邂逅「貴人」。貴人並不難找，就看你以怎樣的心理動機去發現他們。有貴人幫助，能省去很多摸索的過程。找對貴人，你也就多了飛黃騰達的可能性。

成功者沒有一個是孤膽英雄，他們都是靠人脈一步步走向成功的，其中「貴人」起到的作用很可能是決定性的。中國有句老話叫「一人得道，雞犬升天」，就說明貴人的重要性。吃透貴人的心理需求，主動接近並滿足這種心理需求，絕對可以幫助你贏得貴人的好感。

一定要大膽去結交身邊的貴人，他們能幫你尋找機遇，開拓人際。可不能放著貴人不用，一個人瞎摸索。即使身邊沒有大貴人，我們也要有眼光，盡力去發掘身邊將來的貴人。

一個年輕人，出身十分低微，在浙江的一家錢莊做夥計。對於一個貧窮的年輕人來說，這算是一個不錯的差事了。年輕人天性愛結交朋友，他知道自己想要出人頭地，就必須與出色的人建立良好的人際關係，讓自己的交往圈子大起來，但這一切對一個小小的錢莊夥計來說，幾乎是希望太小了。

那時當地還有一個人，也是命運不濟，這個人卻十分清高，經常在大街上閒逛。慢慢的這個人進入了小夥子的視線，小夥子發現他與常人大不一樣，相貌高貴，舉止不凡，常對市井人物和事情表現出不屑的神態。

有一天，小夥子在路上又與這個人碰面，便誠懇地邀請此人喝酒。兩個人喝了一小會兒，小夥子與那人聊天，才得知他父親為他捐了個鹽運使，怎奈父親去世，無錢打點上級，故遲遲不得上任。

小夥子一聽，覺得此人以後定能發跡，就借給了那人五百兩銀子。那人進京謀官去了，小錢莊夥計因為幫助這個人而失去了工作，生活更加拮据。小夥子資助的那個人順利地補上了「鹽運使」的空缺，已經飛黃騰達了。後來那個人終於在杭州找到了落魄他鄉的小夥子。

從那以後，鹽運使就幫助小錢莊夥計做生意，還不斷地介紹達官貴族給小夥子認識。小夥子也因為認識了很多清朝的官員，生意越做越大，成為了當地著名的富商。他們分別就是大名鼎鼎的浙江巡撫王有齡和紅頂商人胡雪巖。

貴人幫你一把，有可能節省你很長的摸索時間。能用好一個貴人，他就能為你打開一個更廣闊的交際場，替你省了很大精力。為自己的人脈與前途著想，我們應該用心在自己身邊尋找貴人，也許他就是你的上司，是你的同事，是你的親戚，是你身邊一個不起眼的朋友……

第六章

不做圈外人，懂得人際「潛規則」

人際「潛規則」，
是指看不見、沒有明文規定的但卻又被廣泛認同、
圈裏人必須「遵循」的一種交往規則、做人規矩。
懂得這些圈裏的潛規則，才能在人際交往中遊刃有餘，人脈通達。

人與人交往要「對等」

社會心理學中有這樣一句話：「我們喜歡那些同樣喜歡我們的人。」人們在選擇人際交往對象時，那些喜歡自己的人一般都會成為首要考慮的人選。其實，這是人際吸引過程中的一種常見效應：交換對等定律。

一般來說，人們彼此間的交往都需要遵循對等定律。在當今這個時代，人們彼此間的交往大體上是一種對等的結合。事實證明，對等的交往才會有穩定的基礎，不對等的交往就有不平衡的因素。所以，人們一般都在滿足「對等」的範圍內選擇交往的對象。

人們都希望自己所交的朋友是一個不錯的人，就算不比自己強，也應該與自己相去不遠；人們希望自己所交的朋友能夠幫助自己，最起碼能夠支持自己。如果對方不能滿足自己這種內心的需要，那麼彼此的交往就很難繼續下去，因而人人都在尋找著對等條件的交往對象。

但是，現實往往很難實現人們的這種願望，因為要讓彼此的情感完全處於對等狀態是非常困難的。畢竟在生活中，「郎才女貌」這種情況還是比較少的，更何況人們在交友過程中往往存在著較高期望，大家都希望交到更好的朋友，因為這樣對自己的幫助會更大、更明顯，結交有身分的朋友，最起碼可以給自己「長臉」。很顯然，現實中要滿足這樣的心理需要是不太可能的。於是，人們的內心轉而把對等效應「變相使用」，成為一種「等值交換」。譬如，有些人無論在文化、學歷上還是身分上都很一般，只因為長得英俊或漂亮，就可以交到身分顯耀的朋友，其實，這也是一種對等。

一個人其他條件一般，但相貌特別出眾，也可能被評出高分。用經濟學的術語來講，美貌是一種稀有資源，它不像學歷、能力可以通過後天努力獲得，相貌是先天決定的，是沒辦法的事。這種先天的優勢往往能夠彌補一些後天的缺失，就好像做房地產生意，好地段是稀有資源，邊遠地區的房子蓋得再好，可能都不及好地段賣得好。在交往過程中，這種先天的優勢就可以與文化、學歷、氣質、身分等具有對等的價值，因而有優勢，使得彼此的交往就能夠維持住。

相反，如果先天條件不足，人們也可以通過後天的努力提升自己以達到對等定律的要求，結交到好朋友。

儘管在人際吸引過程中對等律普遍存在，但是也有特殊對等的現象。有些人能夠超值發揮，突破一般對等律，獲得長久而穩定的人際關係，就好像在體育運動中，運動員並不一定要擅長所有的體育項目，如果一個人所具備的特質屬於稀有資源，那麼只需要一條就足夠吸引他人了。

關於對等定律，婚姻如此，人際交往更是如此。身為一個普通人，如果想與一個特別成功的人交朋友，本來論條件可能與其並不對等，但是，假如能找到他的特殊需要，發揮對他的特殊作用，然後超值發揮，也可能取得成功。無論如何，都需要讓自己的某一特殊資源觸動對方。

首先，人們要想方設法提高自己。無論是學歷、成就、氣質、金錢，還是自己的等級和品位，都是可以提高的特殊資源，只有善於提高自己，才可能讓朋友關係更長久。

其次，不要看不起境況不好的朋友。因為這樣不僅會讓你失去朋友，還會失去特殊的稀有資源，對今後自己交際圈的發展是不利的。

好朋友也要保持距離

一個人的一生總會交到一些朋友，這些朋友中的大多數只能算是普通朋友，剩下的那一小部分才可以稱得上是「死黨」。

但是人們經常也會經歷這樣的事情：一些「死黨」無論先前關係有多麼好，最後都會失去聯繫，有些是「緣盡情了」，有的則是因為一些矛盾導致「不歡而散」。一個人能夠擁有自己的「死黨」是一件很不容易的事情，而「死黨」一旦散開，特別是那種「不歡而散」，將是人生的一種莫大的損失。因此專家強調：好朋友需要「保持距離」，那樣，朋友之間的交往才能長久而穩固。

人與人之間之所以會產生「一見如故」、「相見恨晚」的特殊感覺，之所以會有「死黨」和「知己」的產生，就是因為雙方被彼此的氣質所吸引，從而在這個基礎上成為好朋友。但雙方再怎麼相互吸引，他們在某些方面還是會有些差異的，畢竟雙方來自不同的環境，接受的是不同的教育，人生觀、價值觀等這些主觀因素也是不可能完全相同的。

當雙方的「蜜月期」過去後，就會無可避免地產生一些摩擦，剛開始時雙方可能會尊重對方，但是慢慢地就變成了容忍對方，一直到最後就會成為要求對方！當對方不能滿足自己的要求時，就會開始背後挑剔、批評，嚴重的話，好不容易得到的友誼就會被破壞。

對待自己的「好朋友」，與其靠得太緊而彼此傷害，不如「保持距離」，以免發生碰撞！世人都說夫妻要「相敬如賓」，夫妻關係才能和諧，其實好朋友之間也應該「相敬如賓」。而想要做到「相敬如賓」，最好的方法就是「保持距離」，也就是說朋友之間不要過於親密，能夠「保持距離」，雙方才能產生「禮」，有「禮」才能防止雙方發生碰撞。

當然，有時候距離保持得太遠就會使雙方疏遠，所以好朋友之間應經常性地通通電話，瞭解對方的目前的情況，偶爾碰個面、吃個飯，聊聊自己的心事，這就可以很好地維持友誼。

總之，為了你的友誼，為了你的人生不至於寂寞孤單，與你的好朋友保持一定的距離吧！

別讓錢財橫在朋友之間

俗話說得好，「交義不交財，交財兩不來；要想朋友好，銀錢少打擾」。把友誼建立在金錢的基礎上，就好比把大樓蓋在沙灘上，這種友誼是不牢靠的，認真來說，這樣的友誼不是真友誼，而是假友誼。如果在朋友交往中，在經濟上長期不分你我，有飯大家吃，有錢大家花，那麼，必然帶來許多不良的影響。

首先，會使友誼變質，使純潔的友誼蒙上拜金主義和物質至上主義的灰塵。天長日久，彼此之間的平等關係會變成經濟上的依附關係。

其次，由於物質至上觀念的侵入，朋友之間平等的關係還會被金錢交換關係所代替。這時，被金錢腐蝕了的「友誼」就可能變成掩蓋錯誤，甚至包庇違法犯罪行為的「保護傘」，經濟上的不分你我，就會演變成不講原則、不分是非。

最後，因為受金錢腐蝕，「以財交友，財盡則交絕」，最終會使友誼不復存在。

另外，借錢的問題向來是很敏感的。朋友之間，往往是一方不好意思開口，另一方呢，不好意思拒絕。

處理這個問題，作為借錢的一方，開口前要想到，能否想出別的辦法，向銀行貸款什麼的；對方的實力如何，借錢給自己是否有難處；自己的償還能力怎麼樣，可以向對方承諾多長時間內一定還清（承諾了就一定要兌現，否則就沒有下次的機會了）。而借錢出去的朋友，一旦朋友開了口，礙於面子又不好拒絕，而除非真的是財力雄厚的人，否則在自己的能力範圍之外借錢給別人還真是很為難，那麼，你就應該想好了：首先，這個朋友是不是有信用；然後是自己的實力，是真有這樣一筆閒錢，還是要從自己的開支中省出，如果是省出來的錢借給別人，就要問問自己願不願意，還要考慮家人的感受；還有，考慮對方的還錢能力是無可厚非的，自己辛辛苦苦掙來的錢要花在刀刃上，有去無回的借錢是絕對不能忍受的。如果朋友已經犯過一次這樣的錯誤，絕對不要再給他第二次騙你的機會，借錢不還的人終歸是沒有信用、不值得一交的朋友。

如此說來，朋友之間，如何正確對待和處理經濟上的關係呢？首先要肯定，朋友之間經濟上的幫助是應該的，也是無私的，不圖對方報償的。但這只是事情的一個方面，另一個方面，應該明白，幫助從來是互相的，即使被幫助的一方無力對等地給朋友以相應的幫助。但也要心中有數，記住「來而不往非禮也」的古訓，當有機會對朋友的幫助進行報答時，一定要及時，使這種物質上的來往大體保持平衡，這也叫人際交往中的心理平衡法則。

當在朋友之間已經或正在產生較大的經濟利益關係時，則不要忘記「好朋友還須明算賬」，採取適當的方法，互相尊重對方的權益，商妥處理相互經濟利益關係的原則和方法，把權利、義務關係弄清楚。這樣做，看來無情，實則有義。「買是買，送是送」，可以避免許多無益而有害的糾紛，使友誼更加牢固。

總之，朋友之間有正常的經濟上的往來是在所難免的，但一定要講原則，懂得朋友交往之間的「金錢擔憂心理」。如果金錢成了朋友之間「吐不出來又咽不下去」的「難言之隱」時，那麼友誼則面臨著嚴峻的考驗了。「交義不交財」，莫讓金錢把友情傷害！

社交要保持「等距離」

社交活動中，我們經常需要同時與幾個人打交道，這種情況下，常常容易犯厚此薄彼的錯誤。你「厚」的人可能是歡喜中帶點尷尬，但被你「薄」的人就肯定會滿腹怨氣了。這樣做會給你的人際關係帶來嚴重影響，為了避免這種失誤，最好的辦法就是遵循等距離原則。

在握手寒暄時，應按禮節規定的順序依次進行，不應該不講先後順序，跳躍地進行。與多人握手時，注意與每人握手的時間應大致相等。

在與多人交換名片時，應按禮節規定的順序，可以一一地把自己的名片遞過去，請對方指教。那些在場者並不一定都想要你的名片，但僅憑自己的判斷不給他們也有失禮之嫌。

一個男士與兩個女士同行或坐在一起時，不應夾在她倆中間，否則，男士同她們談話就不得不左右兼顧。

那麼男士的最佳位置應是坐在或走在她們的左側才合乎禮儀。因為此刻你若居中而坐，或是走在中間，是難於做到一左一右絕對「等量」地對待她們的。

然而，這一規定卻有個例外。在一位未婚男子同兩位單身女子同行時，如果他靠近其中的一位而遠離另一位，反而可能引起她們的不安。因此，在這種情況下，他還是走在她們中間較好。

在招待客戶時，不論是對待大客戶還是小客戶都要設法照顧周到，儘量避免產生不必要的誤會。

到公司去洽談業務或辦事，進入辦公室後應設法與辦公室業務人員都聊上幾句，以調節氣氛，不能只與業務主管攀談，目無他人，令人覺得你只認主管，而冷落其他在場的人，這樣往往會收到不良的效果。

所以，在社交場合。對待眾多的朋友、合作夥伴，應努力做到一視同仁。不要使人感覺有明顯的親疏遠近、冷暖明暗之別。

要懂得「禮尚往來」

中國貴為「禮儀之邦」，非常重視「禮尚往來」，「來而不往，非禮也」。人不可少「二禮」，送禮和禮儀。「禮」是走遍天下的金拐杖，「禮」可以幫助你更好的處理人際關係，實現人與人之間的互惠互利。明白如何知禮、守禮、巧送禮，就能以「小禮」換「大利」。

送禮是在人情往來中必不能少的重要手段。送得好，方法得當，則皆大歡喜。送得不好，被人拒絕，觸了霉頭，只會給心中添堵。所以，只有巧妙掌握送禮的技巧，才能讓每一份送出的禮都能收到實效，為整個送禮的過程畫一個漂亮的句號。要將對方收到禮物時的欣喜程度最大化，一是禮物選得要合對方的意，二是送的時機要恰當。細節工夫做好了，送的禮才能恰到好處，才能博得對方的歡心。

宋代，臭名昭著的秦檜任宰相時，權勢顯赫，一言九鼎，於是，溜鬚拍馬者所饋送的各色禮品從四面八方飛進相府。廣東路經略使方務德冥思苦想：作為當朝宰相，其府上什麼樣的禮品收不到呢？送什麼樣的禮品才能討得秦檜的歡心呢？他知道秦府常擺宴席至深夜，終於想出了一條妙計：特製一批蠟燭。蠟燭有什麼稀奇？關鍵在於配料。他選用了各色香料，製成了一批奇香四溢的香燭。之後選派能說善道的心腹之人快馬加鞭送至相府。同時，特別囑咐送燭之人獻上一份厚禮給主藏吏。主藏吏收到厚禮後，告訴來人不要著急，在此靜候佳音。

數日後，秦府飲宴，從午至夜，天色漸漸暗了下來。秦檜便囑人上蠟燭，主藏吏故意說：府中存燭用完了，正好有廣東方經略送來的一箱蠟燭，還未敢啟用。秦檜說：「那就拿來用吧！」蠟燭點燃一會兒，滿屋異香撲鼻，賓主都覺得詫異，不知來於何處。細細察看，原來異香自燭中來。

秦檜下令將蠟燭全部取來，數一數，連同已點燃的一支，共有四十九支。秦檜滿腹狐疑：送禮從來都是湊個整數，現在這是怎麼回事呢？主藏吏認為時機已到，馬上告知：廣東送燭之人還在，一問便知。

於是，方務德的心腹上堂稟告：蠟燭是我們經略大人特地派人監造製作的，專為進獻給相府使用。一共做了五十支，做好之後，不知品質如何，於是取出一支試燃，這才敢獻上。因為是送給相府的，試用了一支，不敢用其他蠟燭來充數，這樣就只存四十九支了。

秦檜聞之，心中大喜：原來其中還有這般故事，想這方務德對自己必是忠心不貳，誠心可嘉，於是對方務德百般寵信了。

由此可見，「禮」要送得恰到好處。稱得上好的禮物，並不一定都是價值不菲的，真正可貴的，是你送禮時所展現出的智慧。只要活動一下腦筋，你就能想到既經濟又能傳遞情感的禮物了。

如果你想在禮尚往來中辦事成功，那麼，關鍵在於是否會「送」。辦事人的聰明才智將在這個字上表現得淋漓盡致，或者你的愚笨也將在這個字上落得一覽無遺。光說送禮的道理並不難懂，難就難在實際操作，若你送禮的工夫到家，在不顯山露水的同時，就能夠打動人心，以「小禮」換來「大利」。

送禮不僅要選對東西，看準時機，更要憑著十分真情，用真誠打動對方，這比禮物本身更有價值，也更容易贏得對方的心。千里送鵝毛的故事正說明了這個道理。

唐朝貞觀年間，西域回紇國是大唐的藩國，一次，回紇國為了表示對大唐的友好，便派使者緬伯高帶了一批珍奇異寶去拜見唐王。在這批貢物中，最珍貴的要數一隻罕見的珍禽——白天鵝。緬伯高最擔心的也是這隻白天鵝，萬一有個三長兩短，可怎麼向國王交代呢？所以，一路上，他親自餵水餵食，一刻也不敢怠慢。

這天，緬伯高來到沔陽河邊，只見白天鵝伸長脖子，張著嘴巴，吃力地喘息著，緬伯高心中不忍，便打開籠子，把白天鵝帶到水邊讓牠喝了個痛快。誰知白天鵝喝足了水，一扇翅膀，「撲稜稜」一聲飛上了天！緬伯高向前一撲，只拔下幾根羽毛，卻沒能抓住白天鵝，只能眼睜瞬看著牠飛得無影無蹤。一時間，緬伯高捧著幾根雪白的鵝毛，直愣愣地發呆，腦子裏來來回回地想著一個問題：怎麼辦？進貢嗎？拿什麼去見唐太宗呢？回去嗎？又怎敢去見回紇國王呢！思前想後，緬伯高決定繼續東行，他拿出一塊潔白的綢子，小心翼翼地把鵝毛包好，又在綢子上題了一首詩：「天鵝貢唐朝，山重路更遙。沔陽河失寶，回紇情難拋。上奉唐天子，請罪緬伯高，物輕人意重，千里送鵝毛！」

緬伯高帶著珠寶和鵝毛，披星戴月，不辭勞苦，不久就到了長安。唐太宗接見了緬伯高，緬伯高獻上鵝毛。唐太宗看了那首詩，又聽了緬伯高的訴說，笑了。於是，唐太宗非但沒有怪罪他，反而覺得緬伯高忠誠老實，不辱使命，就重重地賞賜了他。

從此以後，人們便用「千里送鵝毛，禮輕情意重」來比喻禮物雖輕，但情意深重。但是，現在的人們常常忽略「禮輕情意重」的說法，送的禮含金量越來越高，「禮尚往來」變成了「禮尚旺來」。更使人情變成了一種「債」。其實，在很多人看來，情意與金錢不能畫上等號，情意與禮的含金量不成正比，情意不該為金錢所沖淡。所以，我們在送禮時，應該注意要以「禮輕人意重」為前提。「人意」到，「情意」到，才能讓送禮收到奇效。

看似再平常不過的禮物與送禮，早已被現代人演變成應付差事、不得不為或者心不甘情不願的事情，這樣的禮送與不送又有什麼差別呢？即便送了又怎能讓對方感受到你的深情呢？只有學習上面故事裏的主人公，用心送禮，才能為交往過程添上濃重的一筆，畫上一個漂亮的感嘆號！

看破千萬別說破

人非聖賢，孰能無過。每個人都難免會做出一些不合適的事，這時，即使你已經看破對方的心思，也要把握好分寸，給對方留足面子，最好不要點破。在圈中的交往中，一般應儘量避免觸及對方的敏感區，避免使對方當眾出醜。聰明的人總是直話不直說，說話會拐彎兒，委婉地表達自己的意思，使聽者懂得話外之音。說話如直炮筒子般的人未必會受歡迎！

中國人的行為模式很特殊，最明顯的一點就是，表面上一套，實際上可能是「意在言外」。換句話說，就是嘴上說喜歡「直來直去」，內心深處卻並不喜歡「直來直去」。直來直去，實際上就是「不給面子」，使對方心中不快，以致造成雙方關係破裂，甚至反目成仇。事後想想，僅僅因為區區小事，非原則性問題而失去「頭兒」的賞識，真是毫無意義，後悔晚矣！

朱元璋稱帝後，要冊封百官，可當他看完花名冊時，心裏又犯起了愁。因為功臣有數，但親朋不少。封吧，無功受祿，群臣不服；不封？面子上過不去。軍師劉伯溫看出朱元璋的難處，又不敢直諫，一來怕得罪皇親國戚，惹來麻煩；二來又怕朱元璋受不了，落下罪名。但想到國家大事，不能視而不見，最後，他想出一個方法，畫了一幅人頭像，人頭上長著束束亂髮，每束髮上都頂著一頂烏紗帽，獻給了朱元璋。

朱元璋接過畫，細品其味，忽然哈哈大笑道：「軍師畫中有話，乃苦口良藥。真可謂人不可無師，無師則愚；國不可無賢，無賢則衰！」原來，劉伯溫畫的意思是，「官多法（發）亂！」劉伯溫此舉，不但未傷害到朱元璋的面子，不犯龍顏，還道出了諫言：官多法必亂，法亂國必傾，國傾君必亡。畫中有話，柔中有剛，是待人處世高明的「說話會拐彎兒」，使聽者懂得話外之音，達到預期的目的。

另外，說話會拐彎，還體現在巧妙勸說上司改正自己所做出的錯誤決定，讓上司從你拐彎話中，自己悟出應該如何去做。

春秋時的晉國，自晉文公即位後，發憤圖強，使得國家迅速興盛起來，成為春秋時的一大強國，晉文公也成了一代霸主。可接下來，晉襄公、晉靈公卻不思振作，只圖享樂。晉國的霸主地位也不知不覺地被楚莊王代替。晉靈公即位不久，不思進取，大興土木，修築宮室樓台，以供自己和嬪妃們享樂遊玩。有一年，他竟挖空心思，想要建造一個九層高的樓台。可以想一下，在當時那種科學水準、建築材料、建築技術等條件下，如此宏大複雜的工程，要耗費多少人力、物力！無疑會給老百姓造成沉重的負擔，使國力衰竭。因此，大臣和老百姓都反對建九層樓台。但是晉靈公固執己見，並且在朝堂之上嚴厲地對大臣說：「敢有勸阻建樓台的，立即斬首！」

氣氛十分緊張。一些想保全身家性命的大臣，都嚇得噤若寒蟬，誰願意去送死呢？再沒有人敢說反對的話！

有一天，有個叫荀息的大夫求見。晉靈公以為他是來勸諫的，便命人拉開弓，搭上箭，只要荀息開口勸說，他就要射死荀息。誰知荀息進來後，像是沒看見他這架勢一樣，非常輕鬆自然，笑嘻嘻地對晉靈公說：「我今天特地來表演一套絕技給大王看，讓大王開開眼界，散散心。大王您感興趣嗎？」

晉靈公一聽有玩的就來神了，忙問：「什麼絕技？別賣關子了，快表演給我看看。」

荀息見晉靈公上鉤了，便說：「我可以把九個棋子一個個疊起來以後，再在上面放九個雞蛋。」

晉靈公聽到這事十分新鮮，不相信荀息會有這麼高的技藝，但是又急於一飽眼福，便急急說道：「我從未聽過和見過這種事，今天就請你給我擺擺看！」

荀息當然清楚，如果國君認為是欺騙了他，就會有殺頭的危險。當晉靈公叫人拿來棋子和雞蛋後，荀息便動手擺了起來。他先是小心翼翼地把九個棋子堆了起來，然後又慢慢地將雞蛋放置在棋子上。只見他放上一個雞蛋，又放第二個，第三個……戰戰兢兢，如履薄冰。

這時，屋子裏的氣氛十分緊張、沉寂，只能聽到雞蛋碰到棋子的聲音，圍觀的大臣們全都屏住呼吸，生怕雞蛋落下來，荀息也緊張得額頭冒汗。

晉靈公看到這情景，禁不住大聲說：「這太危險了！這太危險了！」

晉靈公剛說完「危險」，荀息就從容不迫地說：「我倒感覺這算不了什麼危險，還有比這更危險的呢！」

晉靈公覺得奇怪，因為對他來說，這樣子已經是夠刺激，夠危險的了，還會有什麼更驚險的絕招呢？便迫不及待地說：「是嗎？快讓我看看！」

這時，只聽見荀息一字一句、非常沉痛地說：「九層之台，造了三年，還沒有完工。三年來，男人不能在田裏耕種，女人不能在家裏紡織，都在這裏搬木頭、運石塊。國庫的金子也快花完了。兵士得不到給養，武器沒有金屬鑄造。鄰國正在計畫乘機侵略我們。這樣下去，國家很快就會滅亡。到那時，大王您將怎麼辦呢？這難道不比壘雞蛋更危險嗎？」

晉靈公聽到這種十分合理又十分可怕的警告，不由得嚇出一身冷汗，意識到了自己幹了一件多麼荒唐的事，犯了多麼嚴重的錯誤，便對荀息說：「搞九層之台，是我的過錯。」立即下令停止築台。

《晏子春秋》中也記載了這樣一則故事：

齊景公在位期間，特別喜歡修建亭台樓閣，以遊玩觀賞；喜歡穿戴華貴奇異的服飾，以圖新奇和開心；喜歡通宵達旦地飲酒作樂，過著奢侈豪華的生活。晏嬰做景公的相國時，則用儉樸簡約的生活約束自己，以勸諫景公。景公多次給他封賞，都被他拒絕了，景公很尊重晏子，不忍心他過平民一樣艱苦清貧的生活。

有一回，景公趁晏子出使晉國不在家的機會，給他建了所新房子，誰知晏子一回來，就把新房子拆了，給鄰居們建房，把因給他建房而遷走了的鄰居們請回來。景公知道了，很生氣，說：「你不願打擾百姓、鄰居，那麼替你在宮內建一所住房行嗎？我想和你朝夕相處。」

晏子一聽急了，對景公說：「古人說，受寵信要能知道自我收斂。您這樣做雖然是想親近我，但我卻會整天誠惶誠恐。我一個臣子怎麼能這樣做呢？那只會使我與您疏遠開來。」

景公無法強求，只好退一步說：「你的房子靠近鬧市，低濕狹窄，整天吵吵鬧鬧，塵土飛揚，不能居住。給你換一個乾燥高爽、安靜一點的地方總可以吧？」

晏子也不接受，他連忙辭謝，說：「我的祖先就是世世代代住在這裏的，我能繼承這份遺產，就已經很滿足了，而且這地方靠近街市，早晚出去都能買到我所要的東西，倒也方便。實在不敢再煩擾鄉鄰而另外再建房子。」

景公聽了，笑著問：「靠近街市，那你一定知道東西的貴賤，生意的行情！」

「當然知道。百姓的喜怒哀怨，街市貨物的走俏滯銷，我都很熟悉。」

景公覺得有趣，隨口問道：「你知道現在市場上什麼東西貴？什麼東西賤？」

那時，景公喜怒無常，濫施刑罰，常常把犯人的腳砍下來，因而市場上有專門賣假腳的。晏子便想趁機勸諫景公說：「據我所知，目前市場上價格最貴的是假腳，價格最賤的是鞋子！」

「真有意思，這是為什麼呢？」齊景公對晏子的回答感到意外，便不解地問道。

「嗨——」晏子長吁了一口氣，悽楚地說：「只因為現在刑罰太重，被砍去腳的人太多了，所以鞋子沒人買，假腳卻不夠賣！」

「噢——」齊景公半天說不出話來，臉上露出哀憐的神色，自言自語地說：「我太殘忍了，我對老百姓太狠心了。」於是，第二天就向全國發出了減輕刑罰的命令。

另外還有一次，齊景公讓養馬人給他養一匹他最喜愛的馬，不料這匹馬突然死了，景公大怒，讓人拿刀把養馬人肢解掉。這時，晏子正好在景公面前，見左右拿刀進來，便阻止了他們，問景公道：「堯、舜肢解人體，從身上哪一部分入手呢？」一聽這話，景公明白了晏子的意思，堯和舜都是古代明主，他們從來不用酷刑。便下令不肢解，而是把養馬人交給獄官處理。

晏子又說道：「他還不知道自己的罪過，就要死了，請讓我數數他的罪狀，好讓他明白犯了什麼罪，然後再交給獄官。」景公說：「可以。」於是，晏子就數落養馬人說：「你知道你有三大罪狀，應判死刑。君王讓你養馬，你卻把馬養死，這是死罪之一；你把君王最愛的馬養死，這是死罪之二；你讓君王為一匹馬的緣故而殺人，百姓知道了肯定會怨恨國君殘暴，諸侯們聽到這樣重馬輕人，肯定會輕視我們的國家，甚至加兵於我們。你讓君王的馬死掉，使百姓積下怨恨，讓我國的國勢被鄰國削弱，這是死罪之三。你有這三條應判死罪的原因，就把你交給獄官吧。」

景公聽了晏子的這些話，猛然醒悟，趕緊說：「放了他吧，不要為此而壞了我仁義的名聲。」

因此，聰明的人總是直話不直說，說話會拐彎兒，委婉地表達自己的意思。晏子如果直接向齊景公建議減輕刑罰，不但達不到目的，而且很可能會引起齊景公的不悅，到頭來事與願違，後果也很難設想。

第七章

守好人脈圈，及時化解人際矛盾

在生活的圈子中，人與人之間都有可能產生雙方衝突。
衝突一旦發生，若不及時化解，會導致雙方關係緊張，產生人際矛盾。
因此，要想守好屬於自己的人脈圈，保持良好的人際關係，
就需要我們及時打破僵局、消除隔閡。

如何說服有抵觸情緒的人

一般來講，人們在接受某種資訊時，通常會把符合自己利益需要又與自己切身利益相關的內容接受下來，而對自己不利或可能損害自己利益的則不容易接受，甚至產生抵觸情緒。

交際中，當某個人對你產生抵觸情緒時，無論你做什麼、說什麼他都很難聽進去。針對這種人，我們可以根據其心理的需要，採用不同的說服方法，往往能夠達到意想不到的效果。

要學會有效的傾聽

溝通是發送者與接收者之間「給」與「受」的過程。資訊傳遞不是單方面的，而是雙方的事情，由此，溝通對於確認對方的誠意和雙方相互信任至關重要。

人際之間的交流主要包括溝通雙方的相互信任程度和相似程度。當面對來源不同的同一資訊時，每個人通常相信他認為最值得信任的那個來源的資訊。雙方之間的猜疑只會增加抵觸情緒，減少坦率交談的機會，也就不可能進行有效的溝通。

只有在有效傾聽對方對某事的看法，取得對方的信任，對方才可能給自己一個說服對方的機會。

有效的傾聽能增加資訊交流、增強雙方的信任感，是克服溝通障礙、消除抵觸情緒的重要條件。要提高傾聽的技能，可以從以下幾方面去努力：

第一，使用目光接觸。

第二，使用贊許性的點頭和恰當的面部表情。

第三，避免分心的舉動或手勢。

第四，要提出意見，以顯示自己不僅在充分聆聽，而且在思考。

第五，復述，用自己的話重述對方所說的內容。

第六，要有耐心，不要隨意插話。

第七，不要妄加批評和爭論。

第八，使聽者與說者的角色順利轉換。

其次，分析其原因，採取有針對性的措施。

止鬥而平其氣，爭可息；聽訟而平其心，則事不冤。這句話的意思是說要消除爭端一定要平心靜氣，分析其原因，以採取相應的措施。

翻臉後如何重修舊好

大多數人可能都經歷過這樣的事情：有時候，因為一些小事而衝動，跟自己多年的好朋友鬧翻了，想重修舊好又不知道用什麼方法。其實，衝突和摩擦在正常的人脈圈中的交往中是不可避免的，一時感情衝動，往往會殃及苦心建立起來的友情，事後想來這些情況的發生都是彼此間所不願看到的。如果有機會彌補，何樂而不為。下面就簡單介紹幾種解決辦法。

一、不要盯著對方的小錯誤不放

心理學家認為，人的感情是富有瀰漫性的。如果你看一個人，只看他的大節，你就會發現他有很多優點，因而敬重，樂於為伍；反之，如果只看他的小節，你將發現這個人有很多缺點，進而鄙視，恥於合群。遺憾的是，人們有這樣的心理，慣常見到大節，認為應當如此，而對小節卻耿耿於懷。因此要想重歸於好，就必須多看朋友的大節，忘掉過去恩恩怨怨的小節。

二、彼此如故，不提舊事

當雙方因一件小事而翻臉鬧僵，可又都想重歸於好，最好的辦法就是讓過去的事都過去，把這段不愉快徹底忘記，切不可舊事重提，即使你是受損失的一方，也不要心存不平衡感。只有兩人都能著眼未來，互信互諒，才能和好如初。

三、尋找時機，主動示好

大多數人在渴望得到失去的友誼時，心中總有一點顧慮。他們往往會想，「我絕不向他示弱，除非他先跟我打招呼」、「我不能先去他那裏，別人看了好像問題全出在我身上似的」。

事實上，要想重修舊好，就應該拋開顧慮。比如，對方生病時你主動去看望，並給予力所能及的幫助，或是對方生日時送一個小禮物表示祝賀等等。人非草木，孰能無情，對方欣然接受你主動示好的同時，也會心生感激、盡釋前嫌了。

四、請第三者說和

如果你不善於直接向受過你傷害的朋友說道歉的話，或者你擔心遭到拒絕，心懷不安，不敢向前邁出步子，這時你可以請第三者幫助你重新確立與朋友的友誼。由第三者去向對方解釋能夠避免你們之間的尷尬和不安。充當第三者的人可以是你和朋友都熟悉的人，也可以是你或他的親人或上司。當然委託給他如此重要的事情之前，你要向第三者表明你和朋友恢復友誼的原則，由他和你的朋友取得聯繫，然後向你的朋友表達你的歉意和心願，相信你的朋友最終會接受你的歉意，並與你和好如初的。

不要在別人的傷口上撒鹽

傳說中，龍的喉部之下約直徑一尺的地方上有「逆鱗」，全身上下也只有這個地方的鱗是反向生長的，如果不小心觸到這一「逆鱗」，必會被激怒的龍所殺。身體上的其他部位任你隨意地撫摸或敲打都沒關係，只有這一片逆鱗無論如何也接近不得，即使輕輕撫摸一下也是大忌。

每個人身上也都有像龍一樣的「逆鱗」存在。只要我們不觸及對方的「逆鱗」就不會惹禍上身。而所謂的「逆鱗」就是我們所說的「痛處」，也就是缺點、自卑感。在人際關係的發展上，我們有必要事先研究，找出對方「逆鱗」的所在位置，以免有所冒犯。

每個人身上多多少少都會有弱點、缺點或者污點，在與他人談話時，一定要避開一些對方所忌諱的東西。

因為忌諱心理，人皆有之，就連魯迅筆下的那位慣用精神勝利法的阿Q也有忌諱。他慣用精神勝利法安慰自己，因而少有耿耿於懷之事。別人欺他罵他，他能控制自己，心理很快能平衡，惟獨忌諱別人說他「癩」。因為他頭皮上確有一塊不大不小的癩瘡疤，只要有人當著他的面說一個「癩」字，或發出近於「賴」的音，或提到「光」、「亮」、「燈」、「燭」等字，他都會「全臉通紅地發起怒來，口訥的便罵，力小的便打」。

在封建時代，這種忌諱心理發展到登峰造極的地步便是大興「文字獄」，許多文人學者因犯了當權者的忌諱而白白丟了身家性命，可悲可嘆。

普通人也有忌諱心理，你在禿頂者面前如果說他「怒髮難衝冠」或「這盞燈怎麼突然不亮了」等話，對方肯定會憤而變色，有時甚至於怒目圓睜、拂袖而去，到時候你就會尷尬不已。

那麼，該怎樣避諱呢？

應該**先瞭解對方有無忌諱之處，對他人的忌諱之物要視為禁區，十分謹慎地避開，以免觸痛對方**。禿頂者面前不說「亮」，胖子面前不說「肥」，瘦子面前不說「猴」，矮子面前不說「武大郎」，其貌不揚者面前不說「醜八怪」，跛子面前不說「舉足輕重」，駝背面前不說

「忍辱負重」，對他人失意之事也應儘量避開不談。比如，在高考落榜者面前少炫耀自己的大學生活，在久婚不育者面前少談生兒育女事。

綜上可知，暴露自己的痛處，對任何人來說都不是一件愉快的事，所以和別人相處時，一定要小心翼翼地避開雷區，不要提及他人自認是弱點的地方，更不能用侮辱性語言攻擊他人身體上的缺陷。

逆向思維解決人際矛盾

通常，人們在思考問題的時候，往往都習慣於沿著事物發展的正方向去尋求解決的辦法。然而，對於某些問題，尤其是一些特殊問題，從結論往回推，倒過來思考，往往可以使問題簡單化，使解決問題變得輕而易舉，甚至因此而有所發現。

所以，這種反向推導的方法就是一種思維方式，稱為逆向思維，又叫求異思維，它是對司空見慣，似乎已成定論的事物或觀點反過來進行的思考。由於這種方式「反其道而行」，不僅彰顯了思考者的智慧與魄力，而且能夠對問題進行深入的探索，有利於全面瞭解問題，從而解決問題。

實踐證明，這種思維方式在人際問題的處理上多有神來之筆，對我們消除人際關係上的困惑與矛盾有非常好的效果。

逆向思維其實是激勵法則中的一種常用技巧，比如當一個人要得到另一個人的理解時，我們常常提倡換位思考，而換位思考就是逆向思維中的一個重要方面。

在人際交往過程中，換位思考是表達理解的方法，也是贏得敬重的絕佳技巧。因為換位思考付出的是理解，對方得到了尊重，自然就會對你多一份信任，多一份感情。

換位思考在人際溝通上非常重要，因為不瞭解對方的立場、感受及想法，我們無法正確地思考與回應。但是許多人就缺乏這種換位思考的技巧，他們或是站在自己的位置上去「猜想」別人的想法及感受，或是站在「一般人」的立場上去想別人「應該」有什麼想法和感受。

然而，現實生活中，人際之間總會有矛盾的。一旦人際關係出現矛盾後我們又該如何化解呢？大多數人習慣採取直截了當的方式去解決，然而，這樣往往會讓矛盾更加激化，不僅不利於問題的解決，而且也會傷了彼此的和氣，破壞了良好的人際氛圍。

實際上，有的時候採取逆向思維的方法去解決矛盾往往能夠收到奇效。

逆向思維是激勵技巧的一個基本思維方法。有的時候通過簡單的反向推導，你就會發現對方需要什麼，而通過換位思考，你就會知道別人討厭什麼。

當你知道了對方需要什麼和討厭什麼之後，你就能夠找到滿足他人的需求和避免影響彼此關係的東西。因而，激勵就是要給予對方所需要的，不讓對方討厭，這也是解決人際矛盾的要求。

用微笑創造人際和諧

我們每個人在人際交往的過程中，無論是說服別人還是作為被人說服的對象，千萬不要擺出一幅冷冰冰的面孔。不論對方是誰，有怎樣的見解，如何讓人討厭，擺一幅冷面孔總是無益的。所以，說話辦事的時候面帶微笑才會拉近彼此的距離，才能夠打動人心，創造圈中的人際和諧。

微笑到底能產生多大的效果？美國密西根大學心理學教授麥克尼爾博士曾經發表過這樣的看法：「面帶微笑的人比起緊繃著臉孔的人，在經營、販賣、以及教育方面，更容易獲得效果。微笑比緊繃的臉孔，藏有豐富的情報。」

通過以下這則故事，希望你明白微笑的效果。

在飛機起飛前一名乘客因吃藥向空姐要一杯水，空姐承諾在飛機進入平穩飛行狀態後會立刻把水送過來。但是飛機進入平穩飛行狀態後很長一段時間裏，空姐還沒有把水送來，那位乘客再次按響了服務鈴。

一聽到鈴響，空姐立刻意識到自己工作的失誤，便很快地端著一杯水來到那位乘客面前，微笑著向乘客道歉：「先生，實在對不起，由於我的疏忽，延誤了您吃藥的時間，我感到非常抱歉。」但這位乘客並沒有接受她的解釋，並拿定主意要投訴這位服務員。

事後，為彌補自己的過失，這位空姐每次去客艙給乘客服務時，都會面帶微笑地詢問他是否需要水或其他服務，這位乘客都沒有理睬。

飛機到達目的地之前，那位乘客要求空姐把意見登記薄給他送過去，空姐以為他會投訴她，但當所有乘客離開後，她打開一看發現，那位乘客這樣寫道：

「在整個過程中，你表現出的真誠的歉意，特別是你的十二次微笑，深深打動了我，使我最終決定將投訴信寫成表揚信！你的服務品質很高，下次如果有機會，我還將乘坐你們的這趟航班。」

據這位乘客說，在服務員第二次向他微笑時，他認為道歉是應該的，沒有什麼特別的感覺；但在服務員第三次向他微笑時，他投訴的念頭有點動搖了，開始想原諒這個服務員工作中的疏忽；在服務員第四次向他微笑時，他已經徹底原諒了那個服務員；在服務員第五次向他微笑時，他開始懷疑自己先前要投訴的想法是不是有點太過分了。所以最後在下飛機之前，這位乘客在意見登記簿上表揚了那個服務員的「優秀」服務。

這就是微笑所謂的潛在力量，它可以使對方的心情由不滿到快樂，成功彌補工作服務中的疏忽。

鋼鐵大王安德魯．卡內基的高級助理查理斯．史考伯曾經說過，他的微笑值一百萬美金。這可能有些誇張，因為史考伯的成功是集性格、魅力和才能於一體，但他那動人的微笑確實讓人好感倍增。

培根有句名言：「**含蓄的微笑往往比口若懸河更為可貴**」。

在人與人相處中，大家都有著一種共同的期待：總希望看到笑臉。對那些個性孤僻、表情冷漠之人，則總是避而遠之。因此，經常保持微笑的人會擁有良好的人際關係，具有廣闊的社交資源，總是在眾人之中保持著良好的個人口碑，自然他們會擁有成功的人生。

朋友，如果你想擁有成功的人生，那麼，請從保持微笑開始！

通常來講，微笑比語言更有感染力，是人們富有人性的重要特徵，更是化解人際矛盾的有力武器。

微笑有助於人們之間的交往和友誼，有的心理學家甚至認為微笑是衡量一個人對周圍環境適應的尺度。所以，不管是講什麼樣的理，辦什麼事，一定要做足微笑的功夫。「巴掌不打笑臉人」，說話辦事的時候一定要面帶微笑。

在圈中進行人際交往時，要善於用微笑創造讓人心情愉悅的環境，這樣不僅可以增強別人對你的好感，還能讓對方心悅誠服地接受你的觀點，避免人際矛盾和衝突的發生，創造和諧的人際關係。

爲對手叫好可以化敵爲友

有時候在拓展人脈時也會碰上個別對手，如何化敵為友，也是交際中的高端問題。大多數人對敵手採取敵對態度，厚道人能在恰當時機為對手叫好，讓對手感到驚奇，或者產生驚喜。突然的變化，一瞬間能化解所有的不滿和成見，改變彼此之間的態度，打開彼此之間的死結。

亞歷山大是西方人心目中永遠的英雄，當年他和大流士在伊薩斯展開激烈大戰，亞歷山大獲勝，大流士失敗後逃走了。其中有一個忠誠的僕人，歷盡艱辛逃回了大流士那裏。

大流士詢問自己的母親、妻子和孩子們是否活著，僕人回答：「他們都還活著，而且人們對她們的殷勤禮遇跟您在位時一模一樣。」大流士聽完之後又問他的妻子是否仍忠貞於他，僕人的回答仍是肯定的。

於是他又問亞歷山大是否曾對她強施無禮，僕人先發誓，隨後說：「陛下，您的王後跟您離開時一樣，亞歷山大是最高尚和最能控制自己的英雄。」

大流士聽完僕人的這席話後，雙手合十，對著蒼天祈禱說：「啊！宙斯大王！您掌握著人世間帝王的興衰大事。既然您把波斯和米底亞的主權交給了我，我祈求您，就保佑這個主權天長地久。但是如果我不能繼續在亞洲稱王了，我祈禱您千萬別把這個主權交給別人，就只交給亞歷山大，因為他的行為高尚無比，對敵人也不例外。」

由此看來，當對手失敗的時候，你能把握底線，給對方留住尊嚴，到任何時候對方都會感激你。厚道為人你做到了，你的成功對方會心服口服。

一位成功人士說：「為競爭對手叫好，並不代表自己就是弱者。為對手叫好，非但不會損傷自尊心，相反還會收穫友誼與合作。」

眞心認錯定能消除夙怨

真誠地道歉，最容易能打動別人的心理。在人際交往中，每個人都可能有做錯事的時候，如果你知道自己做錯了事，會怎樣處理呢？你有勇氣直接說出「對不起」嗎？還是礙於面子，覺得道歉的話難以啟齒？承認自己不對，心裏會很難受，臉上會很沒面子。但是，事實上道歉卻有著非常重要的意義。如果你能真心承認自己的過錯，你便會發現，認錯能消除夙怨，能恢復感情。

自古以來，政壇便是矛盾眾多的場所之一。政壇中的人大多是說話的高手，他們懂得通過各種方式調解彼此之間的矛盾。其中最典型的一招，就是向他人道歉。

下面就有這樣一個例子。

一七五四年，維吉尼亞殖民地舉行議會選舉，喬治．華盛頓上校作為駐軍長官推舉了一個候選人。這個候選人得到了大多數人的支持，卻有一名叫威廉．賓的人堅決反對。作為支持者和反對者，華盛頓與威廉．賓之間展開了較量。

有一次，華盛頓與威廉．賓發生了激烈的爭吵。爭吵中，華盛頓失言說了冒犯的話。兩人的矛盾升級，由口頭的爭吵發展為人身攻擊。脾氣暴躁的威廉．賓怒不可遏，重重一拳把華盛頓打倒在地。面對這種情形，作為駐軍長官的華盛頓很想反擊。他的手下都是荷槍實彈的戰士，只要他一聲令下，威廉．賓便會被痛打一頓，雙方的氣氛頓時變得非常緊張。但是，令士兵不解的是，華盛頓沒有採取報復，他對手下說：「這不關你們的事！」一觸即發的矛盾得到了緩和。

事後第二天，威廉．賓收到華盛頓派人送來的便條，要他到當地的一家小酒店去。威廉．賓認為華盛頓與他單獨挑戰的時間到了。他拿了一把手槍，趕往小酒店。他一路都在思考打倒華盛頓的方法。到了小酒店之後，威廉．賓卻非常詫異。他看到了微笑的華盛頓和一桌豐盛的酒菜。「威廉．賓先生，」華盛頓熱誠地說，「犯錯誤乃是人所難免的事，糾正錯誤則是件光榮的事。我昨天是不對的，你在某種程度上也得到了滿足。如果你認為到此可以和解的話，那麼請握住我的手，讓我們交個朋友吧！」威廉．賓緊張的心放鬆下來，他也不失紳士風度地說：「華盛頓先生，也請你原諒我昨天的魯莽和無禮。」威廉．賓因為華盛頓的道歉拋開了對他的不滿，最終成了華盛頓忠實的朋友和堅定的擁護者。

這就是一個典型的在矛盾和對立之中，能夠用語言來求得和解的例子。能這樣去做的人，無疑是智者。華盛頓如果與威廉．賓較真，跟威廉．賓拼命，那麼他至多是一個武夫。但是，華盛頓用道歉的話語，化解了與威廉．賓之間的矛盾，贏得了威廉．賓真誠的友誼。他不愧是一個大將之才，一個能化敵為友的統帥。

向別人表達歉意，需要很多的勇氣，也是有很多技巧和方法可循的。

一、不要害怕「碰釘子」

有時，由於自己的過失，後來自己也有悔過的願望，卻遲遲沒有道歉，因為我們怕碰釘子，覺得碰了釘子會更加沒有面子。其實，大多數人對於他人的真心道歉是樂於接受的，因為原諒他人是一種美德，當你主動低頭時，只要話語真誠，他人一定會原諒你的。從另一方面說，即使對方沒有及時原諒自己，有可能是自己犯的錯誤太嚴重，或者對方的情緒一時沒有轉過彎來只要你有誠心，對方遲早會原諒你的。

二、可以用送禮物、寫道歉信的方法道歉

如果自己實在不願意說道歉的話，可以通過送花等方式來表達。有的情侶在吵架後雙方會進入冷戰狀態，男方說「對不起」還得不到女方的原諒。這時候，男方可以通過送鮮花來表達歉意。當女方收到男方的鮮花時，能重溫浪漫情懷，不快的情緒也很快消除。你還可以借助贈送小禮品的方式表達歉意。比如，你和一個同學鬧彆扭，有一段時間誰也不理誰了。如果那個同學喜歡集郵，你就拿出一張郵票送給他，附言：「我記得你有套郵票就缺這麼一張，請你接

受我送你的這張郵票吧。」

有些人平時口頭表達能力不行，但是文筆不錯，就可以通過寫道歉信的方式向他人表達歉意。書面道歉的方式有它的好處，因為它能更清晰、準確、深刻地表達自己的意思，能讓對方有較長時間去品味和加深理解，對你的歉意有一種可靠感和信任感。

三、道歉的方式要顯示出誠意

道歉絕不是一句敷衍式的「對不起」，需要有誠意的言行。我國古代「負荊請罪」的道歉故事就一直流傳至今。

四、道歉應該及時，不可拖延

及時道歉可以表現出一個人能夠主動地心甘情願地承擔責任，同時也表現出一種正直和勇敢。應該道歉的時候，就馬上道歉，越耽擱就越難啟齒，有時甚至追悔莫及。假如你認為有人得罪了你，而對方沒致歉，那你應該冷靜，不要悶悶不樂，更不要生氣，也許對方正在為如何道歉而不好過哩。

五、用詞要清晰明瞭、準確無誤，不可帶有挑釁成分

道歉應該痛痛快快、直截了當。說話的聲音要清清楚楚，不要吞吞吐吐、含含糊糊，更不要轉彎抹角找藉口為自己辯護。道歉的話說得好，對方會覺得：「是的，他知錯了。」對方看到你勇於承擔責任的態度和對錯誤的反省，會認為類似的事情不會再發生，就願意原諒你；如果你在道歉的時候說不到點子上，道歉的話也流於表面化，對方可能不會從心裏原諒你；如果你的話語中帶有爭辯和挑釁的成分，那麼對方只會更加氣憤。

事實上，道歉不是一種羞恥，而是真摯和誠懇的表現。真心實意的認錯、道歉，就不必以客觀原因做過多的辯解，更不宜一開口就辯解不休。

否則，這種道歉，不但不利於彌合裂痕，反而會擴大裂痕，加深隔閡。誰不願聽道歉的話呢？那可是你送去的最好的「心理解怨丸」。

第八章

打通人脈穴道，克服社交中的難題

社會中總會遇到不一樣的人，如何與這些不同性格、特點的人來往，
針對不同的人採用不同的方法和手段是一門學問，也是一種社交智慧。
交際要因人而異，要學會「見風轉舵」，
這樣才能讓自己順利打通人脈穴道，成功地進行交際。

如何與挑撥離間的人交往

通常情況下，挑撥離間有兩種情況：第一種就是在第三者面前說你的壞話，如當你去上司的辦公室準備交一份資料時，卻無意中聽到一個同事正在上司面前說你的壞話，說你的「銷售計畫書是抄襲的」、「上班時間喜歡打私人電話」、「洩露公司商業秘密」等；第二種是在你面前說第三者的壞話，如「你知道嗎？小王被提升為主管，是因為他在休息日經常到經理家做義工，聽說經理家的洗手間都是他清洗呢……」

當我們在面對第一種挑撥離間的人的時候，我們大可不必計較這類人的閒言碎語，因為你的上司應該是個有判斷力的人，他能夠分清是非清濁，因此這類人的挑撥不會對自己產生負面的影響。即使上司一時受了蒙蔽，對你產生了誤會，但時間能夠證明一切，你的工作能力，你的良好品質，最終會讓上司對你刮目相看。

對第二種挑撥離間的這類人，我們一定要謹慎，既不要得罪他，也不要人云亦云，隨著他說別人的壞話。最理智的做法是：當有人在你面前說某人壞話時，你只要做到微笑就好。

當有人在我們面前說別人的壞話時，我們最好的做法就是微笑。萬一做不到微笑，也千萬不要插話，這樣，你在與同事們或其他人相處時，既能保持自己的獨特個性，又能受到大家的歡迎。

如何與嫉妒心強的人交往

嫉妒是一種比較複雜的心理。一個天生具有姣好身材、容貌和逐日顯示出聰明才智的人，很有可能成為別人嫉妒的對象，又如榮譽、地位、成就、財產、威望等有關社會評價的各種因素，也容易成為人們嫉妒的焦點。

從本質上看，嫉妒心理是一種不健康的心理。無論是何種形式和內容的嫉妒，都有害於我們今後保持正常的人際交往。在日常生活中，我們很容易不知不覺地受到別人的嫉妒。在職場中，更容易遭到別人的嫉妒，因為在這裏，同事之間始終存在著競爭，在競爭中處於不利的一方就很容易對對方取得的成就表示出嫉妒之心。那麼如何與嫉妒心強的人一起共事相處呢？

一、不要強調自己的功勞

如果我們在工作中取得了一點的成績，一定要表現得更謙卑。不強調自己的功勞，就會減少他人的嫉妒。

雷斯總主教於一六五一年被提拔為樞機主教時，他清楚地知道，原先的許多同事會嫉妒他，於是，他盡一切努力不提自己的功績，而是強調成功純屬運氣。平時他表現得謙恭有禮，彷彿一切都沒有改變，而事實上他現在的權力比以前大多了。他在日記中這樣寫道：「這些明智的政策產生了好效果，減輕了別人對我的嫉妒，這是所有秘密中最了不起的。」

巧妙地強調自己一向是多麼幸運，讓別人認為他們也會輕而易舉地獲得像你那樣的幸福，這樣，你會從一定程度上削減同事對你的嫉妒心。但是切記，不要讓別人看穿你的真實意圖，那樣只會令他們更加嫉妒。行為舉止必須合乎時宜，你的謙虛和坦誠看起來必須十分真摯，否則，便會弄巧成拙。

二、走自己的路，讓別人去說

通常，與嫉妒心強的人相處時，最好不要特意採取一些方式方法來對付那些嫉妒心強的人，如不要報復、打擊等。因嫉妒心理本身就是多疑的、愛猜忌的，所以，反倒不如將有嫉妒心的人當做普通人來看待，這樣相處，也許是與有嫉妒心的人相處的一個最好的方式。

「走自己的路，讓別人去說」，其關鍵在於敢於讓別人去說，特別是敢於讓別人去說誹謗的話。而且當聽到這些誹謗時，你應該做到不憤怒、羞慚、氣餒、或是急於分辯。自己行得端、坐得正，流言會逐漸消失，誹謗也不會有什麼市場。

東漢一位叫伯魚的官員在這方面就為我們做出了表率。

有一次，光武帝問伯魚道：「聽說你打你的岳父，而且從不上你的妻兄家吃飯，真有這種事嗎？」伯魚回答道：「臣子三次娶妻，都沒有岳父。小時候饑寒交迫，一石米要值一萬錢，所以知道米的貴重，實在不敢輕易跑到別人家裏吃飯。」很顯然，伯魚在光武帝發問之前，對於嫉妒者向他射出的暗箭已有所耳聞。但是他沒有把那些誹謗當回事，當光武帝問到他時，他才不得不說出了實情，到頭來使誹謗之言不攻自破，換回了自己的清白。

三、把別人的嫉妒看成是自己的榮譽與驕傲

一般來講，別人對你的嫉妒和由這種嫉妒所帶來的種種責備與攻擊，其實都是由變態的方式來表達某種無能。換句話說，這種嫉妒事實上是以一種非常極端的方式，通過詆毀別人的成功與長處，來掩飾和彌補自己的缺陷或無能。事實上，嫉妒是對自己成績的一種負面形式的肯定，而絕不是來自於客觀的批評。因而，你就用不著在意這些嫉妒。相反，你更要十分坦然地

和嫉妒你的人在一起相處，不要有什麼顧忌。

四、不要刺激同事的嫉妒心，並且轉移他的注意力

交際過程中，在面對愛嫉妒的人時，可以迴避而不應該刺激他。因為他就像「蜂窩」一樣，只要捅一下，就會惹來麻煩。只要你不去捅它，它就能夠保持原狀。與此同時，要想辦法轉移嫉妒你的那些人的注意力：你可以向他坦露自己獲取成功的艱辛，包括為了獲取成功所遭受的不幸，或者獲取成功後還存在的窘境，這樣就會使嫉妒你的人感到你的成功並沒有對他構成威脅，也不會因為你的成功而使他產生恐懼，使這類人的心理就會漸趨平衡。

如何與固執己見的人交往

在日常的社交應酬中，我們經常會遇到這樣的場景：幾位好友相聚，自己不會喝酒，朋友

卻端著酒杯站在你面前，不依不饒地非要你喝下去不可；和同事討論工作時，對方的觀點明顯是錯了，卻固執己見，和你爭得面紅耳赤不肯讓步……在遇到類似以上這種情況時，你該怎麼辦呢？

不要與對方起正面衝突

假如對方強迫自己做不喜歡的事情，這時的你不要態度強硬地拒絕，否則會讓對方下不了台，相反可以溫和地告訴對方你不能夠答應他要求的客觀原因，如不喝酒是因為有胃病或是一會兒還要開車等。總之，你要婉拒對方，而不是赤裸裸地說「不」。我國古代思想家莊子對付固執之人就是用的此種方法。

有一次，有人到莊子家裏，請他去做官。起初，莊子避而不見，以為那個人會死心，但是，來者態度很堅決，非等到莊子同意做官再走。莊子見他很固執，只好出來見他，但莊子並未直接拒絕那個人，而是打了一個比方，說：「你看到太廟裏被當作供品的牛馬嗎？當它尚未被宰殺時，披著華麗的布料，吃著最好的飼料，的確風光，但一到了太廟，被宰殺成為祭品，再想自由自在地生活著，可能嗎？」

來者聽完莊子的這番話後，很知趣地走了。莊子雖沒有正面回答，但一個很貼切的比喻已經說明了讓他去做官是不可能的。就這樣，莊子打發走了那個固執的人。

不妨給對方「溫柔一刀」

應對固執人的方法有很多種，而一個高明的處世高手則總是在恰當的時機，採用恰當的方法，去應對對方。「溫柔一刀」便是其中的一種。

下面有這樣一則故事。

潔西卡是一位家庭主婦，在家的日子裏經常會遇到一些上門推銷小商品的推銷員，如果對方推銷的是自己不需要的東西，潔西卡拒絕後對方大多數就不再第二次上門了，但是有一位叫湯姆的圖書推銷員被拒絕後，卻固執地一次又一次上門，好像潔西卡不買他就不甘休似的。

有一天，湯姆又來了，他摁了一下門鈴，過了好一會兒，潔西卡才開了門，她滿臉驚奇地看著湯姆說：「我以前就告訴過你，我不需要你推銷的圖書，你怎麼又來了？」

「可是，小姐，」湯姆說，「我想你對我推銷的書應該有興趣，我拿出其中的一本讓你瞧瞧，裏面的插圖漂亮極了……」

「實在對不起，」潔西卡打斷道，「我正在做飯，沒閒功夫。我得馬上回廚房看看。」不等湯姆回答，她就把門重重地關上了。

湯姆不願意這麼早就被趕走。他繞著房子走了一圈，然後敲響了後門。開門的仍然是潔西卡。

「怎麼又是你！」潔西卡尖叫道。

「哦，」他說，「你剛才告訴我你在廚房忙得不可開交，所以我只好繞到後邊來。也許你會讓我坐在廚房裏，然後你一邊做飯，一邊聽我講這本書的一些內容。這本書很重要，也很有用。如果你不買的話，會後悔的。」

潔西卡「哦」了一聲，無奈地說：「如果你願意的話，可以進來坐在那邊。」她指著一把椅子又補充道：「但是，你會白費時間的。我不喜歡看書，再說，我也沒錢買書。」

湯姆坐下來，把手中笨重的書小心翼翼地放在飯桌上。當然，多售出一本書，就意味著他的提成也將增加一些。他有信心勸潔西卡買一本。當潔西卡在做飯時，湯姆就用他那迷人的聲音向她講述著擁有這本書的所有好處，更沒有忘記提醒她，這書很便宜。

但是，潔西卡雖然在忙著做事，可心裏卻在想著用什麼方法把這個「難纏的傢伙」請出大門，終於，她有主意了：「等一等。」她突然打斷湯姆的話，隨後離開了廚房。湯姆聽見她在屋裏的什麼地方開抽屜。潔西卡回到了廚房，手裏拿著筆記本和鉛筆，坐到了桌子邊。

「請繼續講。」潔西卡說。湯姆又開始講起來，潔西卡則一邊聽，一邊認真地記著筆記，中途還不時叫他把剛講的重複一下。見潔西卡如此有興趣，湯姆簡直有點大喜過望。他又暗暗地思忖起來，其實勸人們買他們不想買的東西是多麼容易啊！

最後，他結束了自己的談話，闔上書，問道：「你覺得怎麼樣？你難道不認為買一本是明智之舉？」

「哦，不！」潔西卡裝著吃驚地說，「一開始我就告訴過你，我對書籍不感興趣，當然不打算在一本書上花大量的鈔票。」隨後，潔西卡打開後門，並做出一個請的姿勢。

「但你為什麼要做筆記呢？」湯姆問道。

「哦，我弟弟與你是同行，他也是挨家挨戶去推銷他的書，但一點也不成功。你是一個專業的圖書推銷員，說服力很強，所以我記下了你說的話。我會把這些筆記拿給他看，他就明白下一次去推銷的時候該說些什麼了，這樣他也許會賺更多的錢。實在太感謝你了。我真高興你今天能來。」湯姆聽後，只好怏怏地走了。其實，潔西卡並沒有弟弟，她之所以如此做，是因為她覺得用強硬的態度使湯姆很難放棄對自己的推銷，因此她巧妙地使用「溫柔一刀」，就使湯姆徹底死心，再也不上她家推銷圖書了。

如何與脾氣暴躁的人交往

生活中的有些人脾氣暴躁，思想比較簡單，做事時往往欠考慮，喜歡感情用事，以致大多數人都不願意與這類人交往。其實，只要對這類人採取冷靜遷就的態度，他們也是很好相處的。

比如在遇到脾氣暴躁的人冒犯自己時，不可嚴肅對待，一定要保持頭腦清醒，可以暫時置之不理，有時瞪他一眼就足夠了，對他的發火不予理睬，隨他自便。如果與之相持不下，切忌火上澆油，否則你將無法避免與之爭吵的尷尬局面。

一般來說，脾氣暴躁的人，比較容易興奮，容易發怒，自我控制力差，動不動就發火，但這類人往往比較直率，通常不會搞什麼陰謀詭計，而且這類人比較重感情、重義氣，如果對他們以誠相待，他們便會視你為朋友。

那麼，在人際交往中如何與脾氣暴躁者相處呢？

在與脾氣暴躁的人相處時，可以採取寬容態度。當這類人對自己發火時，你可以採取置之不理或一笑了之的辦法，千萬不要在氣頭上與他爭吵。

歌德有一次在公園散步，迎面碰到一個曾對他作品提出尖銳批評的批評家。那位批評家性格急躁，看見歌德後就說：「我從來不給傻子讓路！」

「而我相反！」歌德幽默地接了一句說。於是一場無謂的爭吵避免了。

所以，往往是一句幽默的話語，一個微笑，就會成為與脾氣暴躁的人相處的一個絕好的武器。同時，讚揚也可以助你一臂之力。這類脾氣暴躁的人一般比較喜歡聽奉承話，聽好話，因此，我們要不失時機、恰如其分地讚揚他。與之交往，宜多採用正面的方式，而謹慎運用反面的、批評的方式。

一、可以採取寬宏大量，一笑了之的方式

遇上脾氣暴躁的人冒犯你時，你一定得保持頭腦冷靜。這種「一笑了之」的笑，可以是泰然處之的微笑，可以是表示藐視的冷笑，也可以是略帶諷刺的嘲笑……最好的是泰然處之的微笑，它不僅可以使自己擺脫尷尬的局面，還可以讓對方知難而退，避免事態進一步地惡化。

二、可以採取暫時忍讓，避開鋒芒的方式

如果你本身也是個急躁的人，當脾氣暴躁者冒犯你時，急躁碰上急躁，針尖對麥芒，很容易著火。這時候你應當壓住心頭的火，暫時忍讓，避開鋒芒。待對方鋒芒銳減後，再充分地、輕言細語地說服對方，也可講事實擺道理，消除對方的誤會。

三、可以採取開闊胸懷，寬容大度的方式

只要你有寬闊的胸懷，你就會對這類人的態度不加計較，對自己的行為勇於承擔責任。他吵，你不吵；他凶，你不凶；他罵，你不罵，這樣就吵不起來了。「宰相肚裏能撐船」，你有溫和的態度，有寬廣的胸懷，就會使本來發火的對方火氣消滅，自感無趣，從而更加收斂。

四、可以採取察言觀色，防患未然的方式

當脾氣暴躁的人著火時，最容易對身邊周圍的人「發洩」，這時你就遷就一下。如果你與他計短長，就會成為他的出氣筒。所以，你一定得察言觀色，揣摩對方的心理狀態，先退一步，待他情緒穩定下來時，再進一步向他解釋一切。

如何與討厭的人相處

一般來講，與自己討厭的人一起共事時，往往要非常地小心。同事之間最容易形成利益關係，如果在一些小事上不能正確地對待，再加上性格等原因，就很容易形成溝壑。但是，職場的道路不可能一帆風順，有起有落，有時你想避開你所討厭的人卻怎麼也避不開，你甚至還要主動找上門，找討厭的人幫忙處理事情。同樣，你討厭的同事也會因為公事來直接找你。你們還是要因為公事相互合作的。

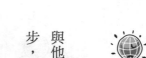

對大多數人而言，在與自己討厭的人合作過程中，心裏難免會有些小疙瘩，可能會處處針對對方，出現意見分歧的概率相對於和自己合得來的人要高，這種情況往往會讓關係進一步惡化。那麼，如何才能化解職場中的這種討厭情緒，以最佳狀態進行工作呢？

解決的方法有很多種，其中最主要的還是自我檢討，儘量比較客觀地看待問題。在看到別人身上的缺點時，也要檢查自身是否存在問題，不要一味地將錯誤怪罪於別人；適當的也可作自我反省，從自身上入手，找出問題的出處，加以糾正，避免今後犯同樣的錯誤；嘗試著換位思考，多站在對方的角度、立場看待問題，試著問自己，如果是我，是否也會這樣做，儘量發現對方的優點；或是可以找共同的話題，逐漸拉近彼此的距離，而後加強溝通，進而慢慢消除討厭的情緒，從而擁有健康的心理狀態。

其實，經常會為人際關係所困擾的人，無非有兩個原因：

一是性格內向，自我保護意識強。不夠開朗樂觀，自尊心膨脹，危機感過重，待人遇事總不往好處想，時刻處於防範狀態，自己的強項不愛與人分享，自己的弱項往往會通過時間和事件逐漸形成心理障礙。

二是心胸不夠寬廣，為人過於直率。心裏、臉上容不下的人和事太多，久而久之討厭的人越來越多，直至影響到自己的正常生活。

解決的方法不外乎有兩個：

●一、是調整心態，從自身的角度找原因

俗話說「大人額前能跑馬，宰相肚裏能撐船」，一個人有多大的胸懷就會有多大的成就，這話一點也不假。如果你能把天下人都當成自己的親人和朋友，那麼你肯定是朋友遍天下，就不會有討厭的同事困擾你了。

●二、懂得逆向思維，針對不同的情況調整不同的思維方式

古人云：「三人行，必有我師焉」，如果我們經常用一雙欣賞的眼睛去看別人，那麼你的身邊便都是一些可愛的人，你的工作和生活中也就充滿了陽光和朝霞。記住一點：你的眼睛就是一面鏡子，你看的東西越為你所不容，就越反映的是你自己的心態。有誰會希望自己的天空烏雲密佈呢？所以，如果不想與討厭的同事共事，最好的辦法就是在日常交往中，我們多加注意，建立融洽的同事關係。

同事之間由於工作關係而走在一起，就要有集體意識，以大局為重，形成利益共同體。特別是在與外單位人接觸時，要形成「團隊形象」的觀念，多補台少拆台，不要為自身小利而害集體大利，最好「家醜不外揚」。

對待分歧，要求大同存小異。同事之間由於經歷、立場等方面存在著差異，對待同一個問題時，往往會產生不同的看法，一不小心就容易傷和氣。

因此，與同事有意見分歧時，一是不要過分爭論。客觀上，人接受新觀點需要一個過程，主觀上往往還伴有「好面子」、「好爭強奪勝」的心理，彼此之間誰也難服誰，此時如果過分爭論，就容易激化矛盾而影響團結；二是不要一味「以和為貴」。不能即使涉及原則問題也不堅持、不爭論，而是隨波逐流，刻意掩蓋矛盾。

面對問題，特別是在發生分歧時要努力尋找共同點，爭取求大同存小異。實在不能一致時，不妨冷處理，表明「我不能接受你們的觀點，我保留我的意見」，讓爭論淡化，又不失自己的立場。

如何與小人打交道

俗話說得好：「君子溫和如三春暖風，小人陰險如冬日嚴霜。」其實，在人們生活的圈子中的每個地方都有小人。通常，小人做人處事不太厚道，常以不良手段達成目的。與小人相處，稍不謹慎，會吃大虧。所以，我們與小人交往時一定要行之有道。

通常情況下，小人一般都非常的難纏。一般小事，能躲就躲，能忍則忍。如果觸及了做人的原則，不必顧忌太多，該出手時就出手，而且越狠越好，使小人不得翻身作亂。

世間小人難對付，這是大家都眾所周知的事情，在不觸及原則性問題時通常忍忍就過去了，但若觸及到了原則性問題，那你也就不能再沉默了，否則的話他們會變本加厲，得寸進尺。這時你應用點「以毒攻毒」的計謀，使他們原形畢露，讓他們無地自容。

這裏所說的原則性問題主要包括有兩種，一是尊嚴，一是應得的利益。

尊嚴是精神上的原則性問題，一個人格健全的正常人是不能允許別人輕易冒犯自己的尊嚴的，尊嚴受到損害有時比物質利益的損失更能讓人感到痛苦和難以忍受。一個人的素養越高就越看重自己的人格與尊嚴，所謂「士可殺不可辱」，就是這個道理。

我們說在尊嚴問題上必須寸步不讓，但在很多情況下是自己的尊嚴已被人嚴重地侵犯了，卻還不知如何申辯，結果只能白白地受氣。其實，別人侮辱我們的人格，並不就意味著他們的人格有多高尚，如果我們能對那種見利忘義，心胸狹窄的小人來個「以毒攻毒」，就會收到意想不到的效果。

在**應得的利益**部分，激烈競爭的今天，人們總是喜歡尋找可以借助的力量，去完成自己難以實現的任務。志同道合者能夠相互協助自然是美事一樁，但如果是利用對方個性中的弱點，或者以欺瞞手段讓對方協助自己達成一己之私利，而不顧及對方的利益，這就屬於損人利己的惡意利用。那麼，在爾虞我詐的職場環境中，哪些人是常遭人利用的倒楣鬼？這些小人又該如何防範？

在日常生活中，如果有人說你「被人當槍使」，當然不是什麼好事，意思就是說你這個人沒有頭腦，沒有主見，是被別人利用了。但凡被當槍使的人，都有這樣或那樣的致命弱點，或分析能力不夠，辨別是非的能力較差；或抵制力較差，被虛假的現象所迷惑，從而被別有用心的人所利用，悔之莫及。而那些處於主動地位的人往往躲在暗處，操縱或者指揮這些當槍的人，按他們預定的指令去執行每一個程式。其結果往往是借槍的人利用當槍的人的手和嘴，去辦他們極其想辦而不便拋頭露面的事，說其想說而不便站在明處去說的話，既保護了他自己，又能達到目的，可謂一舉兩得。

有史以來就有一種心甘情願為別人當槍使的人，我們稱這種人為走狗、鷹犬。這類人沒有人格，沒有自尊，專事倚強凌弱，仗勢欺人，為正直的人所不齒。這種人可鄙可恨，但不可惜可憐。可惜可憐的是那些未必情願被人當槍使，卻被人端著打來射去，成為替別人洩私憤、圖報復的工具。

往往那些剛踏入社會工作不久、涉世未深的年輕人，經常會被人利用而不自知，在現實中，這種情況並不少見。那麼，如何避免這種事情的發生呢？

首先，要分清責任界限。別人一時有難，伸出你的援助之手拉他一把，確實是應該的，但要把這樣做的後果想清楚，不能什麼事都無條件地承擔，而不管他是什麼人。

其次，不能不分忠奸被人當槍使。在人生道路上，不管幹什麼事，都要與各種人相處，尤其是涉世不深的年輕人，更要善於辨認忠奸，能從自己身邊人的言行舉動中辨識出真偽。否則，被虛假的現象所迷惑，良莠不識，就會無意中被別有用心的人所利用，悔之莫及。

再者，不要亂管閒事。管閒事與管所應當管的事最大差別，在於對方願意接受的程度有所不同。在現實生活中，有許多人是被盲目的「熱情」所驅，根本不知道他們該管什麼，不該管什麼，他們的「熱情」便常常為人們所避之不及了。

此外，不是所有的進攻都是顯而易見的。有些同事慷慨地接受能取得顯著成績的項目，以此使自己成為不可缺少的人；或者他們有目的地提供幫助，以便從新手那裏奪取大權。對付的策略是：「對別人提供的幫助要多加思考，並向對方表示以後再談。」

如今的世道，人心險惡，我們與小人共處一圈的時候一定要慎重，不要被別人當槍使，更不要在一些本不該去管的事上去管閒事，拿自己當槍使。

如果你能過去這個坎，就能在社交中如魚得水、遊刃有餘了。

第九章

把握分寸，遠離人際交往的禁忌

人際交往中最重要的就是讓自己變得輕鬆快樂。
人與人之間交往時一定要把握好分寸，要適當保持一定的距離，
並非什麼話都可以問，什麼事都可以插手的。
遠離人際交往的禁忌，才能使交往雙方的感情愈久彌新。

圈子裏別只顧著自己表現

有些人信仰在圈子裏混就需要強者之美，認為做人就該多想著自己、多表現自己，只有多表現，才能成為圈子的核心或主管者，只有在圈子中多表現自己，別人才會注意到自己，進而崇拜自己。至於別人怎麼看，自己才不在乎呢。然而這種為人處世的方法是存在很大問題的，要知道一個不顧及別人的人是很難獲得別人認可的。

有些人在說話的時候，從不顧及別人的態度與想法，只是一個人在那滔滔不絕，說個沒完沒了，講到高興之處，更是眉飛色舞，你一插嘴，立刻就會被打斷。這樣的人，還是大有人在的。

在圈裏，人與人交往最重要的是雙方的溝通和交流。在整個談話過程中，如果只有你一個人在說，就不容易與對方產生共鳴，就達不到溝通和交流的效果。也就是說，交談中要給他人說話的機會，一味地嘮叨不停就會使人不願意與你交談。

每個人對事物的看法各不相同，如果你在與他人交往的過程中，把自己的觀點強加給別人，就會引起他人的不滿。其實，每個人由於生活經歷不同，對事物的認識也會不盡相同，因此各持己見也是很正常的現象。但是當他人提出不同意見時，就斷然否決，把自己的觀點強加給別人，這樣必定會給別人留下狹隘偏激的印象，使交談無法進行下去，甚至不歡而散。當你與他人交談時，應該顧及對方的感受，以寬容為懷，即使他人的觀點不正確，也要堅持與對方共同探討下去。

所以我們每個人在與別人相處和交往的時候，要多照顧一下別人的心理感受，只有抓住了別人的心理，才能真正贏得別人的讚賞與好感。如果你只知道表現自己，搶著出風頭而不給別人表現的機會，你就會遭到別人的怨恨，使自己陷入尷尬境地。

不要背後說人是非

俗話說得好：「若要人不知，除非己莫為。」意思就是說，不要以為你做的事、說的話別人沒看見沒聽見就不會知道，只要你做了說了，別人就一定會知道的，如果不想讓別人知道那就不要做不要說。

在與圈中朋友應酬時，總有些人喜歡聚在一起，談論一些沒在場同事的是非。一提到這些道人長短，論人隱私的話題，大家就顯得興致勃勃，現場的氣氛也隨之熱烈起來。但是，這種搬弄是非，道人長短的話很容易會被傳到對方耳中。尤其是幾經傳播，原話可能已經在傳播的途中被添油加醋，不堪入耳。

別人聽到謠言首先不滿的肯定是這個話題的始發者，因為他根本不知道經過了多少人的傳播，也不知道這些傳播者在裏面加了多少料。所以在人背後議論人是非是極不明智的做法。

有時趕上運氣不好的時候，你說的話恰好被當事人當場聽到，或是被與當事人關係密切的人聽到。而且，被聽到的內容並非一清二楚，而是斷斷續續的話，這中間沒聽到的部分可就任憑別人想像了。

在這種情況之下，一根鵝毛被聽成一隻鵝也不稀奇。若是好話別人聽了可能還很高興，可若是壞話，別人一定會從此對你抱有成見。

概括起來說，背後說人壞話的危害主要有如下三點。

一、**說別人壞話，很快就會傳到別人的耳朵**。要相信，世上沒有不透風的牆，尤其在這個人們都願意用傳話的方式表示跟他人親近的社會。另外，一定會有人和你有同樣的不滿，只是別人不講而已。他們一旦發現你在說這樣的話，可以立即以你的名義，說這種意見是你說的，快速向外傳播。這樣，很容易使你與他人之間產生矛盾，從而使你多了敵對面。

二、**凡事總掛在嘴上，別人會認為你小心眼。**自己不停地說也等於在不停地提醒自己，容易使自己越想越難過，遠不如乾脆忘掉。心裏壓抑事情太多的人容易生病，對自己的身心健康不利。

三、**有這種毛病的人，極易損毀自己的形象。**別人與你接觸就會想「你在我面前說別人的壞話，肯定也會在別人面前說我的壞話。」這樣使人在接近你時，都不得不提防你。

所以與其用這種方式得罪所有人，不如自己心裏明白就好，有些不得不說的壞話，建議用一種委婉的方式與本人面談，這樣人家比較容易接受，也可能覺得你這個人比較正直而增添對你的信任度。

交往中最忌愛吹噓

在社會交往中的每個人或多或少都有些自吹自擂的癖好，好像不吹一吹，別人就看不起自己，心裏那種癢癢的感覺也無法止息。事實上，自戴「高帽」並不高明，自吹自擂是一種令人討厭的習慣，尤其是在交際場合。

俗話說：「面子是自己掙的，別人給的。」意思是說，每個人的榮譽都是靠自己努力去爭取來的。然而，這些東西必須得到別人承認才行，一個人不可能想當然地為自己加冕。也許自吹自擂可以蒙別人一時，甚至撈到好處，讓你得到滿足，可是，從長遠來看，這就等於給自己的人生埋下了一個定時炸彈。

有人把自吹自擂的人比做跳樑小丑，小丑只能給人一時之樂，不會得到別人長久的真誠。任你吹得天花亂墜，周圍的聽眾哈哈大笑之後也不會當真。在那些正經人的眼中，自吹自擂的人醜態百出、愚不可及。

清代大臣中要數曾國藩名氣最大了，然而，他並沒有居功自傲，自以為是。他在給弟弟曾國荃的信中就有這麼一句詩：「左列鐘銘右謗書，人間隨處有乘除，低頭一拜屠羊說，萬事浮雲過太虛。」詩中用了「屠羊說」這一典故，這個故事講的是：有一個宰羊的屠夫幫助楚昭王重新獲得了天下，因此，楚昭王在復國之後就再三請屠夫來做官，但是都被屠夫謝絕了。他對楚昭王說：「以前大王丟了國土，我也丟了屠夫的工作，現在大王又重新登上了王位，而我也能夠重新做屠夫的工作，這不是很好嗎？」

曾國藩在信中借用這個典故的目的就是要告訴弟弟：我辦公桌的左邊擺滿了朝廷的獎狀，右邊放了一大堆告發和咒罵我的信札，為什麼會這樣？這是因為人世間的事情就好像天平一樣，總會一頭高一頭低。因此，不要因為有了功勞就忘乎所以，也不能因為別人咒罵就垂頭喪氣。而應該學習「屠羊說」中的屠夫，保持樂觀豁達的胸懷，把榮譽和誹謗都當作藍天上的浮雲。

曾國藩豁達的人生態度贏得了很多人的支持，尤其是下屬的效忠，而他為人處世的思想與智慧也影響了後世，成為很多人奉行的行事準則。

在交際過程中，每個人都要注意自己對他人產生的影響，不要自以為是、自吹自擂，以免讓人心中產生不快而影響人際關係的深入發展，得不償失。

不要刺激對方的自尊

有人說過這樣一句話：「學會維護他人的自尊心，你會得到越來越多的朋友。」這話說得一點都不錯，因為在日常生活中，每個人都極為重視自己，都喜歡談論自己的得意之處，即使是你的好朋友也同樣如此。所以維護和尊重他人的自尊心，實際上就是為了充分地駕馭對方打下基礎。

學會維護別人的自尊，在日常應酬中應該說是相當重要的，而且抓住別人的心理，適當地滿足別人的自尊，則可令你在應酬中成為「得道」者。在應酬中要做到不刺激對方的自尊，應該首先做到以下幾點：

第一點，不把對方的缺點當笑料。

第二點，不將對方的憾事當秘聞。

第三點，不要過於顯示自己的優越感。

第四點，不要表現出對對方不屑一顧的神態。

第五點，不要使對方有被壓制的感覺。

遠離人際交往中的誤區

人與人之間和諧深沉地交往，需要充沛的感情為紐帶，這種感情不是矯揉造作的，而是真誠的自然流露。當然，我們說好朋友之間講究客套，並不是說在一切情況下都要僵守不必要的繁瑣的禮儀，而是強調好友之間相互尊重，不能跨越對方的禁區。

大多數人交友處世常常步入這樣的誤區：好朋友之間無須講究客套。他們認為，好朋友彼此熟悉瞭解，親密信賴，如兄如弟，財物不分，有福共用，講究客套太拘束也太外道了。其實，他們沒有意識到，朋友關係的存續是以相互尊重為前提的，容不得半點強求、干涉和控制。

現代的人都希望擁有自己的一片小天地，朋友之間過於隨便，容易引起隔閡衝突。比如，不問對方是否空閒、願意與否，任意支配或佔用對方已有安排的寶貴時間，一坐下來就滔滔不絕地高談闊論，全然沒有意識到對方的難處與不便。偶然疏忽，可以理解，可以寬容，可以忍受。但長此以往，必生間隙，導致朋友的疏遠或厭倦，友誼的淡化和惡化。因此，好朋友之間也應講究客套，恪守交友之道。

對朋友放肆無禮，最容易傷害朋友，其表現有如下幾種。

第一，過度表現，言談不慎，使朋友的自尊心受到挫傷。也許你與朋友之間無話不談，十分投機。也許你的才學、相貌、家庭、前途等等令人羡慕，高出你朋友一頭，這使你不分場合，尤其與朋友在一起時，會太露鋒芒，表現自己，這樣會使朋友感到你在居高臨下對自己說話，不由產生敬而遠之的意念。

第二，彼此不分，違背契約，使朋友對你產生防範心理。朋友之間最不注意的是對朋友物品處理不慎，常以為「朋友間何分彼此」，對朋友之物，不經許可便擅自拿用，不加愛惜，有時遲還或不還。朋友一次兩次礙於情面，不好意思指責，久而久之會認為你過於放肆，產生防範心理。

第三，乘人不備，強行索求，使朋友認為你太無理、霸道。當你有事求人時，朋友當然是第一人選，可你事先不作通知，臨時登門提出所求，或不顧朋友是否情願，強行拉他與你同去參加某項活動，這都會使朋友感到左右為難。所以，你對朋友有求時，必須事先告知，採取商量口吻講話。

第四，不知時務，反應遲緩，使朋友對你感到厭嫌。當你上朋友家拜訪時，若遇上朋友正在讀書學習，或正在接待客人，或正和戀人相會，或準備外出等，你也許自恃摯友，不顧時間場合，不看朋友臉色，一坐半天，誇誇其談，喧賓奪主，卻不管人家早已如坐針氈，極不耐煩了。所以，每逢此時此景，你一定要反應迅速，稍稍寒暄幾句就知趣告辭。

第五，用語尖刻，亂尋開心，使朋友突然感到你可惡可恨。有時你在大庭廣眾面前，為炫耀自己能言善辯，或為嘩眾取寵逗人一樂，或為表示與朋友之「親密」，亂用尖刻詞語，盡情挖苦、嘲笑、諷刺朋友或旁人，大出其洋相以博人大笑，獲取一時之快意，竟不知你這樣做會大傷朋友間的和氣，使朋友感到人格受辱。

第六，過於小氣，斤斤計較，使朋友認為你是慳吝之人。你可能在擇友交友時，認為朋友的友情勝於一切，何必顧慮經濟得失，金錢不能使友情牢固。但朋友之交，過於拮据顯得吝嗇小氣，而慷慨大方則顯得豪爽大度，它會使友情牢固。

第七，泛泛而交，大肆渲染，使朋友感到你是輕佻之人。你可能由於虛榮心或榮譽心所驅，也可能交友心切，認為交友愈多，本事愈大，人緣愈好，往往不加選擇考察，泛認知己，患「好交症」。所以，朋友之交，理應真誠相待，感情專一，萬不可認為泛交會使自己顯赫。

俗話說「人生難得一知己，患難之時見真情」。交朋友也是這個道理。朋友可以為自己打開一番新的交際天空，也可以為自己原本晴朗的天空遮上一片黑雲。

圈裏人交往的三大「禁忌」

當每個人的圈子建好後，經常參加圈子裏的活動是很有必要的，如在節假日一起去爬山，或是到某餐廳聚餐，彼此加強聯繫，加強溝通。但是，對於某些人來說雖然也加入了圈子，卻一直沒有獲得好的人緣，甚至成了圈內不受歡迎的人。為什麼會出現這種狀況呢？其關鍵原因就是他們犯了圈子裏的「忌」。圈子裏的「忌」比較多，最常見的有以下幾種。

●**忌揭人傷疤**

由於相處的時間比較長，圈內人彼此之間都是知根知底的，包括各自的優點與缺點，光彩的與不光彩的往事。聚會時，相互之間難免會開開玩笑。如果玩笑不傷大雅無妨，這樣可以使氣氛更歡愉，不失為一種樂趣。然而，有時不該說的話說了，就會使氣氛驟變，引起尷尬，從而傷了圈子裏的和氣。

圈子裏聚會時說話一定要小心，雖然你的初衷是想活躍氣氛，不是誠心要揭對方的傷疤，但有些事情在某些場合還是不說為妙，否則，你就會成為不受大家歡迎的人。

●**忌虛情假意**

圈中朋友聚會，不外乎是共敘友情，也為今後的來往鋪平道路。誰都有需要人幫助的時候，真心誠意地幫助別人，能贏得別人的好感。要是逢場作戲，虛情假意，那結果是可想而知的。

●**忌顯擺**

在同一個圈子裏的人的情況都不是一成不變的，有的今天還是某單位的決策者，明天就變成所謂的「閒人」；有的今天還是商界精英，明天就遭遇了破產……因此在集會時，適當地表現自己未嘗不可，但是要有分寸，不能故意顯擺，否則就會受到冷落。

不論對方是新朋友，還是老朋友，我們都應該注意自己的言行，不要去碰「雷區」，這樣才能使自己的交際圈子變得更加牢固，能夠在一定程度上為自己提供有益的幫助。

第十章

陽光心態，走出人際交往的病態心理

人際交往過程中始終要保持平和陽光的心態，
良好的心態會讓你的這張關係網越織越牢，朋友越來越多，
不論在什麼場合，不管與什麼樣的人交往都能灑脫自如。
失去良好心態，不僅會破壞人際和諧，還會使自己受到感情的傷害。

拋棄虛榮——真實才是永遠的朋友

古羅馬大哲學家希留斯曾經說過：「**想要達到最高處，必須從最低處開始。**」飛機飛得再高，也必須從地面起飛。但是可悲的是，這個道理不是每個人都明白。

事實上，沒有腳踏實地的工作，夢想就只能停留在夢想。低下你高昂的頭顱，只有腳踏實地去做一些相對平凡的工作，才是實現夢想的唯一捷徑。

下面這則經典的哲理故事恰恰就很好地說明了這一點。

從前，有個地主，他生來愚蠢卻又自以為是，因此經常做出一些讓人哭笑不得的事來。

有一次，他到一個朋友家裏去做客。站在客人府邸第三層樓上，看到了美妙至極的景色，他心中不禁十分羨慕，想道：「要是我也有一幢這樣的三層樓房，在上面喝茶賞景，那會是多麼幸福的事情！」

於是他回到家後，馬上請來泥瓦匠，吩咐道：「你們給我建一座三層樓房，越快越好！」

泥瓦匠們不敢耽擱，立刻開始動工，打地基、和泥、壘磚頭，開始修建樓房的第一層。

這個地主天天跑到工地上去看，看到頭幾天地基打好了，又過了幾天，壘了幾層磚，再過了幾天，磚也越壘越高了。然而這個地主還是十分著急，看到過了這麼些天，他要的房子還沒有成形，於是不耐煩地跑去問泥瓦匠：「你們這是在建什麼房子啊，怎麼一點兒都不像我要的那種？」

泥瓦匠說：「不是照您的吩咐在建嗎？這只是第一層。」

地主又問：「難道你們還要修第二層？」

泥瓦匠奇怪地回答：「當然了，有什麼問題嗎？」

地主暴跳如雷，勃然大怒道：「蠢東西，我看中的是第三層，叫你們修的也是第三層！第一層、第二層我都有，還修它幹什麼？」

泥瓦匠聽了目瞪口呆，生氣地說：「那您就自己修您的第三層吧！」

就這樣，這個地主隨後又請了無數的泥瓦匠，也沒能按他的要求建成房子，他也就一直沒能實現在他的三層樓上喝茶觀景的舒適生活。

還有一個故事能進一步地闡釋腳踏實地的重要性。

在很久以前，泰國有個叫牛娃的人，一心想成為富翁。他覺得成為富翁的捷徑便是學會煉金之術。

此後他把全部的時間、金錢和精力，都用在煉金術的實驗中了。不久以後他花光了家中的全部積蓄，家裏變得一貧如洗，連飯都沒得吃了。妻子無奈，跑到父親那裏訴苦。她父親決定幫女婿改正他錯誤的想法。

岳父讓牛娃前來相見，並對他說：「我已經掌握了煉金之術，只是現在還缺少一樣煉金的東西……」

「快告訴我還缺少什麼？」牛娃急切地問道。

「那好吧，我可以讓你知道這個秘密。我需要三公斤香蕉葉下的白色絨毛。這些絨毛必須是你自己種的香蕉樹上的。等到收齊絨毛後，我便告訴你煉金的方法。」

牛娃回家後，立刻將已荒廢多年的田地種上了香蕉。為了儘快湊齊絨毛，他除了種以前就有的自家的田地外，還開墾了大量的荒地。當香蕉長熟後，他便小心地從每張香蕉葉下收刮白絨毛。而他的妻子和兒女則抬著一串串香蕉到市場上去賣。

就這樣，十年過去了。牛娃終於收集夠了三公斤絨毛。這天，他一臉興奮地拿著絨毛來到岳父的家裏，向岳父討要煉金之術。

岳父指著院中的一間房子說：「現在你把那邊的房門打開看看。」

牛娃打開了那扇門，立即看到滿屋金光，屋裏竟全是黃金！他的妻子兒女都站在屋裏，妻子告訴他這些金子都是用他這十年裏所種的香蕉換來的。

面對著滿屋實實在在的黃金，牛娃恍然大悟。

每個人的夢想不會無緣無故地成為現實，更不要幻想通過奇蹟來改變自己的生活。我們需要的是自己一步一步腳踏實地朝著目標前進，只有這樣，成功才會有水到渠成的一天。

遠離吝嗇——越吝嗇朋友越少

吝嗇指的是一種有能力資助他人卻不肯伸出援助之手的心理。隨著社會的發展，吝嗇行為已不再限於錢財，而是擴展到更寬闊的領域。吝嗇破壞了人類固有的仁愛、同情之心，打破了人與動物的界限，破壞了人類社會一切美好的關係。

生活中，有人稱吝嗇的人為「一毛不拔」的「鐵公雞」，這只說明了吝嗇行為的一個表像，實質上吝嗇者的吝嗇來自於他們內心的冷漠，他們過分看重自己的財物，甚至可以為了蠅頭小利而六親不認。然而，當他們抱著自己辛苦守下來的「財富」的時候才會發現，自己才是真正的貧窮。吝嗇會讓人失去很多，包括工作、事業、甚至家庭。

通常來講，吝嗇之人都非常計較個人的得失，遇事總怕自己吃虧。吝嗇之人非常看重自己的財富與利益，為了既得利益，可以六親不認，甚至「雞犬之聲相聞，老死不相往來」。他們對別人的苦楚顯得冷漠無情，毫無憐憫之心，甚至落井下石。吝嗇之人很少參與社會活動，也不關心周圍的事物，「事不關己，高高掛起；明知不對，少說為佳」。他們不願幫助別人，因此很少有知心朋友，有了困難也就很難得到他人的幫助。

吝嗇的人一般都是自私的、貪婪的。這類人總是嫌自己發財速度太慢，總嫌發財「效率」太低，總想不勞而獲或者少勞多獲，因而挖空心思地、不擇手段地算計他人。一般的情況是，在吝嗇者口袋裏的金錢或多或少地帶有不潔的成分，廉恥、天良、真理，都會淪陷於吝嗇者的吝嗇之中。

吝嗇的生活果真能給吝嗇者帶來愉快嗎？當然不能。其實吝嗇者的生活是最不安寧的，他們整天忙著的是掙錢，最擔心的是丟錢，唯恐盜賊將他的金錢全部偷走，唯恐一場大火將其財產全部吞噬掉，唯恐自己的親人將它全部揮霍掉，因而整天提心吊膽、坐立不安，所以整個人自然永遠不會是愉快的。

拒絕比較——比較增添煩惱傷害感情

現實生活中，愛比較的人總是活得很累，因為比較往往讓自己的心理失去平衡。盲目的比較是拿自己的缺點和別人的優點比，用自己的弱勢對抗別人的強項，那麼結果自然可想而知。

哲人說，與他人比是懦夫的行為，與自己比才是真正的英雄。所以，把眼光放在自己的身心上，生活一定會多一份快樂與滿足。《巴爾的摩哲人》的編輯亨利．曼肯說過，財富就是你比妻子的妹夫多掙一百美元。行為經濟學家說，我們越來越富有，但是體會不到幸福，部分原因是，我們總拿自己與那些物質條件更好的人相比。

科內爾大學教授羅伯特．法蘭克說：你是願意自己掙十一萬美元，其他人掙二十萬美元，還是願意自己掙十萬美元，而別人只賺八萬五千美元呢？大部分的美國人選擇了後者。

法蘭克寫過一篇論文《多花少存：為什麼生活在富裕的社會裏，卻讓我們感到更貧窮》，裏面提到住房，一個人到底需要多大面積呢？主要取決於鄰居擁有多大的住房，如果鄰居的住房小，那他也不需要太大的住房。曼肯認為，最好的基點應該是凱利．派克，他是澳大利亞最富的人，他做過腎移植，心臟也做過手術。曼肯說：「你難道希望自己擁有四十億美元，而一個腎是移植的，心臟是動過手術的嗎？」

現實生活中，人與人之間的差別無處不在，於是人們在差別中情不自禁地產生了比較的心理，而盲目比較卻讓人們習慣性地將自己所作的貢獻和所得的報酬與別人進行比較。如果這兩者之間的比值大致相等，那麼彼此就會有公平感；如果某一方的所得大於另一方，那麼另一方就會產生心理失衡。

比較心理與不滿足心理猶如一對同胞姐妹，相伴而生。比較是不滿足的前提和誘因，在沒有原則、沒有節制地比安逸、比富有、比闊氣中，致使心理失衡，越發不滿足。有的人則為自己能在這些錯誤的比較中出人頭地、佔據上風而無限度地追求個人名利，進而驅使自己不斷走向腐化墮落的深淵。

事實上，現實中的我們每個人身上都有令人羨慕的東西，也有令自己感到缺憾的東西，沒有一個人能擁有世界的全部，重要的在於自己的內心感受。那些心態平和的人也許生活中的物質享受並不比任何人好，只是他能接受自己，懂得知足而已。

所以，生活中認清自己尤為重要，不要讓盲目的比較變成一把利劍刺痛自己。

有一首歌謠這樣唱道：人家騎馬咱騎驢，走路遇見個挑擔的，比上不足比下有餘。

通常，人的很多煩惱都是因覺得不如周圍的人而自尋的。其實世上本無事，庸人自擾之。別人固然有不如你的地方，但不是處處不如你，每個人都有自己生存的空間，他在他熟知的領域會超過你，並不說明你就是技不如人，只能代表你不瞭解某一方面的知識，說明他某些方面是比你強，想明白了這些也就沒有心結了。如果你還是想不開，那就跟不如你的人比比。

人世間沒有永遠的贏家，也沒有絕對的輸家。如自然界中，長青之樹無花，豔麗之花無果。所謂梅須遜雪三分白，雪卻輸梅一段香，人各有其長，各有其短，學會俯視，常往下比一比，生活必定會充滿快樂。

比較是一把刺向自己心靈深處的利劍，往往傷害的只能是自己的快樂和幸福。

扔掉自負——交往要放低姿態

同事或朋友圈中總免不了有這樣的人——不論什麼時候都一副自信滿滿的樣子，甚至有點盛氣凌人，講話時喜歡高談闊論，乍聽之下似乎很在行，而相識久了，卻發現他經常言過其實。後來，大家都知道他是個「自我膨脹」的傢伙，對他的信任度也因此大打折扣。

自我膨脹，是指一個人表現出來的自信心超出本人的實際情況，演變成盲目自大，也就是過度自負。過度自負實質上是在人缺乏足夠自信時，對自我進行的一種過度補償。過度自我膨脹是對自卑的一種不成熟的心理防禦。要改善這一問題，需要全面瞭解自己，並接納自己的不足。自負不僅有損心理健康，有時還會留下笑柄。

漢朝的時候，在西南方有個名叫夜郎的小國家，它雖然是一個獨立的國家，可是國土很小，百姓也少，物產更是少得可憐。但是由於鄰近地區以夜郎這個國家最大，從沒離開過國家的夜郎國國王就以為自己統治的國家是全天下最大的國家。

有一天，夜郎國國王與部下巡視國境的時候，他指著前方問說：「這裏哪個國家最大呀？」一部下們為了迎合國王的心意，於是就說：「當然是夜郎國最大囉！」走著走著，國王又抬起頭來、望著前方的高山問說：「天底下還有比這座山更高的山嗎？」部下們回答說：「天底下沒有比這座山更高的山了。」後來，他們來到河邊，國王又問：「我認為這可是世界上最長的河川了。」部下們仍然異口同聲回答說：「大王說得一點都沒錯。」從此以後，無知的國王就更相信夜郎是天底下最大的國家。

有一次，漢朝派使者來到夜郎，途中先經過夜郎的鄰國滇國，滇王問使者：「漢朝和我的國家比起來哪個大？」使者一聽嚇了一跳，他沒想到這個小國家，竟然無知地自以為能與漢朝相比。卻沒想到後來使者到了夜郎國，驕傲又無知的國王因為不知道自己統治的國家只和漢朝的一個縣差不多大，竟然不知天高地厚也問使者：「漢朝和我的國家哪個大？」

這就是我們熟悉的「夜郎自大」的故事。如今，還有很多人會沉浸於夜郎自大，不知天高地厚的境地，真是哀其不爭，怒其自負！

自負的人總認為自己比別人強很多，這種人固執己見，唯我獨尊，總是將自己的觀點強加於人，在明知別人正確時，也不願意改變自己的態度或接受別人的觀點。總愛抬高自己貶低別人，把別人看得一無是處。過於自負的人狂妄自大，目中無人。

這種過於自負的人高高在上不但不能引起別人的尊重，反而會引起他人背後甚至當面的譏笑。其實，獲得別人尊重的唯一要訣，就是練好「謙」功，先尊重別人。

人們都不喜歡那些常愛自以為是的人，你當然不願人家也是這樣看待你。那麼最好的辦法，就是在自己談吐行動之間，處處給人留下一個自由旋轉的餘地，如果你的意見的確是對的，他們經過思索之後，自然會樂於接受的。萬一他們抱著一種成見，始終堅持不接受，那你也必須知道：過分強調、誇大的語氣，並非是征服他們的武器，反而易使他們更走異端，與你深溝高壘地對峙起來了，拉遠彼此的關係。

因此，要擁有好人緣，必須改掉自負，建立人與人之間的平等關係。要認識到人與人之間只有社會分工和職責範圍的差別，而沒有高低貴賤之分。不論職位高低、能力大小，還是職業差別、經濟狀況不同，人人都享有平等的權利和人格的尊嚴，都應得到同等的對待，因此人與人之間交往要平等相待，一視同仁，相互尊重，不亢不卑。要尊重別人的愛好、習慣、風俗。只有尊重別人，別人才尊重自己，才可以擁有好人緣，才能人脈通達。

告別敏感——敏感破壞人際和諧

過於敏感的人通常會終日生活在「防禦」狀態之下，只會逐漸地使自己疲憊不堪。這就需要我們及時調節和克服敏感心理，學會從善意的角度看待別人的做法和事物，走出敏感帶來的陰影。過度敏感的人的弱點在於他們缺乏自信心，總是在尋找抱怨的理由。

不知道你是否曾有這樣的體會：當幾個同學聚在一塊兒悄悄說話時，你會覺得他們正在講你的壞話；你告訴朋友一個秘密後，你會不停地想他是否會講給別人聽；老師在課堂上說了班上發生的不好現象，你會懷疑是不是針對自己說的；一位同學近來對你的態度冷淡一些，你會覺得他可能對你有了看法……如果你有以上所說的這些情況，那麼可以說你有較強的敏感心理。

敏感的人當感到自己受到傷害的時候，往往會心中升起極度委屈的情緒。比如在商場裏，如果售貨員用乾巴巴的口吻說「沒有你要的尺碼」，你的心情立即就會變得很壞。或者朋友說了在你看來很難接受的話，你就會耿耿於懷，心裏不舒服。他們的言語越是在你心裏揮之不去，你就越感到無法釋懷。而如果你感到身邊的朋友欺騙了你，那情況就更糟了，你會一連好幾個星期躲在家裏醫治心靈的創傷。其實你知道，在這個時候你應該從自我沉默中走出來，重新走到朋友的圈子中去，否則這種狀態很快就導致不會再有朋友和你一起逛街或下館子了。

敏感的人生活在情感過於充沛的海洋裏，敏感的神經隨時都可以被調動起來，因為周圍發生的一切都會在這類人的心裏留下深深的痕跡。比如，電視新聞裏一個話題沉重的報導會讓你沒有食欲；有一天，你目睹了一場車禍，你用了好幾個月才緩過來。

過度敏感的人都有一種自貶自責的傾向，每個細小的挫折都會往心裏去，隨即開始懷疑自己的全部。於是，從所有外界的批評都是有道理的、應該的，一切都是自己的錯的想法，很快就變成了：我自己一無是處，太平庸了，是個傻瓜……其實，搞清楚敏感的根源之後，再遇到不愉快的事情，稍微進行一下自我反省就可以了，並不需要對自己進行全面檢討，繼而全面否定。

心理學家認為：「如果一個指責很過分，那麼你也要懂得回敬那個指責你的人，不要讓別人自以為有權利無端指責你。」碰到讓你傷心的事，要努力尋找一個解脫的辦法，比如你可以向朋友傾訴。跟朋友越多地交流，就越能從相對化的角度看問題。原本認為很嚴重的事，其實並沒有那麼糟糕；原本覺得是天大的事，其實也很渺小。有了一次成功的經歷，下次就能夠輕鬆地面對，要讓自己從內心裏接受正在發生的一切。

敏感的人往往都很有靈氣，有創造力，但如果過於敏感，特別是與人交往時過於敏感，就需要想辦法加以控制了。某些人對一些敏感的話比較愛對號入座，而且容易聯想很多問題和產生猜疑心理，其結果是自尋煩惱，損害了身心健康，破壞了團結，影響了自己的前程，甚至會造成不可挽回的悲劇。

因此，為了不讓敏感心理影響心情，過度敏感的人要學會自我讚美，要培養一種積極的思維，對身邊的事物以善意的眼光看待，心情就會一直的燦爛無比下去。

放棄嫉妒——嫉妒是人際交往的毒藥

嫉妒是對別人的快樂、幸福、富有、成功等等所感覺到的一種強烈而陰鬱的不快。在人類心理中，也許沒有比嫉妒更奇怪的感情了。一方面，它極其普遍，幾乎是人所共有的一種本能。另一方面，它又似乎極不光彩，人人都要把它當作一樁不可告人的罪行隱藏起來。結果，它便轉入潛意識之中，猶如一團暗火灼燙著嫉妒者的心，這種酷烈的折磨真可以使他發瘋、犯罪乃至殺人。

莎士比亞說：「您要留心嫉妒啊，那是一個綠眼的妖魔！」嫉妒的人是可恨的，他們不能容忍別人的快樂與優秀，會用各種手段去破壞別人的幸福，有的挖空心思採用流言蜚語進行中傷，有的採取卑劣手段；嫉妒的人又是可憐的，他們自卑、陰暗，他們享受不到陽光的美好，體會不了人生的樂趣，生活在他們的黑暗世界裏；嫉妒的人是那麼的可悲，「心靈的疾病」會擴散到身體各處，引起軀體上的不良反應，是摧毀人性和健康的毒藥。

伏爾泰說過：「凡缺乏才能和意志的人，最易產生嫉妒。」戰國時期的龐涓就是一個嫉賢妒能的人。龐涓到魏國成為將軍後，他認為自己的才能遠不如自己的同學孫臏，又怕將來魏惠王重用孫臏，於是，就派使者將孫臏召來，讓人把孫臏的雙腿膝蓋砍掉，在臉上還烙上了罪犯的烙印，並把他關在豬棚子裏。

後來，孫臏被齊國使者救出，成為了齊國的軍師。在一次戰役中，龐涓被孫臏設計擊敗，龐涓見大勢已去，自刎而死，直至臨死還憤憤地說：「究竟還是成就了這小子的聲名。」可見，一個人只要產生嫉妒之心，就不能坦然面對別人的優點和成績，不能以謙虛的態度去取長補短，或者借助別人的力量成就事業。反而，懼怕別人超過自己，危及自己的地位，為狹隘地保全自己而不擇手段。結果，眾叛親離，一敗塗地。正如塞萬斯所言：「嫉妒真是萬惡之源，美德的蟊賊！」

相反，凡是具有才能和意志的人，都能坦然地欣賞別人的優點和成績。百里奚是戰國時期著名的政治家，一度落入楚人之獄，秦穆公設計將他救出，並委政於他。百里奚卻把自己的朋友蹇叔推薦給秦穆公。他說：「下臣趕不上蹇叔，他有經世治國之才，卻不為人所知……」百里奚以自己親身感受和經歷全力推薦蹇叔，秦穆公採用了百里奚的推薦。這不僅沒有動搖秦穆公對他的看重，而且，深得秦穆公的信任。認為他是一位襟懷寬廣、高水準的謀臣。以至於史學家們有「百里奚致霸」之說。

君子坦蕩蕩，小人常戚戚。正確對待別人的優點和長處，並給於肯定，不僅可以使他自己認識到自己的優點及價值，也能使周圍的人認識到我們所具備的優良素質和高尚品格，不僅利人而且利己。對別人的成績和優點視如眼中釘肉中刺，人前諷刺挖苦、人後誹謗，其實，害人害己。

佛蘭克林說過：「良好的態度對於事業與社會關係，正如機油對機器一樣重要。」在工作中，可能有人在某些方面不如我們，卻比我們提升得快，或許是他的才幹不如我們，但人際關係好的緣故。面對這種情況，我們一定要清楚，同事或同學被提升，決定權不在他本人，而在於上級主管。沒有必要去嫉妒被提拔者，即使是確實用人不當，那也不是當事人的問題，而是，主管主管的水準問題。這樣事情發生，我們要有信心，金子早晚要發光的。同時，也要檢討自己為什麼空有才華不被重用，是否個性太強？人際關係不好？假如，確實是主管問題，我們又不能在短時間內改變，也沒有必要嫉妒，在一位不能正確提拔下屬的主管下工作也不是一件好事。這樣的主管，也不值得有理想有抱負的人輔佐。

如果在合作中，合作者比我們優秀，那是好事。他可以補充我們的不足，甚至，只要我們做一個很好的跟隨者，相互尊重、相互配合、找準角色、達到互惠共贏。我們一定清楚：是要成就，還是要成就感，只要能取得成就，誰主誰次並不重要，成功了次也是主，失敗了主也是次。

嫉妒是合作工作中的毒瘤。現代是個人英雄主義退位，團隊合作進位的時代，任何個人都很難自己完成一件大事。沒有完美的個人，只有完美的團隊。在合作中，只有大家克服狹隘的個人利益與自私自利，相互欣賞、相互承認、相互尊重、攜手共進，站對位、不越位、會補位，才能共贏。

嫉妒是心靈的毒藥，嫉妒是一種比仇恨還強烈的惡劣心理，是心靈空虛和無能的表現。瞭解這一惡劣心理現象，有助於我們找到自己產生嫉妒心理的原因，想方設法克服它，從而達到完善自我的目的。「與其臨淵羨魚，不如退而結網」。當別人取得成績時，不要一味妒嫉，而是通過努力用自己的成果同別人競爭，這才是上策。

走出狹隘——小心眼要不得

經常寬以待人就可以使一個人擁有寬廣的胸懷，容忍別人的過失，不因別人合理的指責而遷怒別人則可以達到人際關係的和諧。

一個以敵視的眼光看人，對周圍的人心胸狹小，處處提防，不能寬大為懷的人，必然會因孤獨而陷於憂鬱和痛苦之中；而與人為善，寬容待人，能主動為他人著想，肯關心和幫助別人的人，則討人喜歡，被人接納，受人尊重，因而能更多地體驗成功的喜悅。

寬以待人，就是在人際交往中有較強的相容度。人們往往把寬廣的胸懷比做大海，能廣納百川之細流，也不拒暴雨和冰雹；也有人把忍耐性比做彈簧，具有能屈能伸的韌性。誰若想在困厄時得到援助，就應在平時待人以寬。也就是說，要相容接納、團結更多的人，在順利的時候共奮鬥，在困難的時候共患難，才能增加成功的力量，創造更多的成功的機會。反之，相容度低，則會使人疏遠，減少合作力量，只會人為地增加阻力。

戰國時，梁國與楚國交界，兩國在邊境上各設界亭，亭卒們也都在各自的地界裏種了西瓜。梁亭的亭卒勤勞，鋤草澆水，瓜秧長勢極好，而楚亭的亭卒懶惰，對瓜事很少過問，瓜秧又瘦又弱，與對面瓜田的長勢簡直不能相比。

楚人死要面子，於是在一個無月之夜，悄悄地跑過界亭把梁亭的瓜秧全給扯斷了。梁亭的人第二天發現後，氣憤難平，報告縣令宋就，說我們也過去把他們的瓜秧扯斷好了。宋就聽了以後，對梁亭的人說：「楚亭的人這樣做當然是很卑鄙的，可是，我們明明不願他們扯斷我們的瓜秧，那麼為什麼再反過去扯斷人家的瓜秧？別人不對，我們再跟著學，那就太狹隘了。你們聽我的話，從今天起，每天晚上去給他們的瓜秧澆水，讓他們的瓜秧長得好，而且，你們這樣做，一定不可以讓他們知道。」

梁亭的人聽了宋就的話後覺得很有道理，於是就照辦了。楚亭的人發現自己的瓜秧長勢一天好似一天，仔細觀察，發現每天早上地都被人澆過了，而且是梁亭的人在黑夜裏悄悄為他們澆的。楚國的邊縣縣令聽到亭卒們的報告後，感到非常慚愧又非常敬佩，於是把這事報告給了楚王。楚王聽說後，也感於梁國人修睦邊鄰的誠心，特備重禮送於梁王，既以示自責，也以示酬謝，結果這一對敵國成了友鄰。

在圈中交往過程中常有些人，無理爭三分，得理不讓人，顯得小肚雞腸。相反，有些人真理在握，不聲不響，得理也讓三分，顯得綽約柔順，君子風度。一個活得嘰嘰喳喳，一個活得自在瀟灑。假如是重大的或重要的是非問題，自然應當不失原則地要論個青紅皂白，甚至為追求真理而獻身也值得。但日常生活中，也包括工作中，有人往往為一些非原則問題爭得不亦樂乎，誰也不肯甘拜下風，說著論著就較起真來，以至於非得決一雌雄才肯甘休，嚴重的甚至大打出手，最後鬧個不歡而散，影響團結。越是這樣的人，越對甘拜下風的人瞧不順眼。時下裏流行一句話：「玩深沉。」其實這種場合玩點深沉正顯示了你的大度綽約的風姿，爭強好勝者未必掌握真理，而謙和的人，原本就把出人頭地看得很淡，更不屑對一點小是小非進行爭論，越是有理，越表現得謙和，也越能顯示一個人的胸襟之坦蕩、修養之深厚。

要記得與人方便，自己方便。以善良的人性為人處世，自然會獲得他人的認可。一個能成就一番事業的人，定是一個心胸開闊的人。

人生於世，宜當有情有趣，宜當親人近之、朋友敬之，宜當寬宏大度些，凡事不計較。其實計較來計較去，煩人又煩己，大事辦不成，小事辦不好，還不如不計較。

幽默大師威爾．羅起士曾說：「我從來沒遇見過不喜歡的人。」那你呢？是否也和羅起士一樣，每天都開心地與人交往？還是一早起來，看見任何人、事、物都感到不快？

擺脫自卑——應酬中要學會自我欣賞

所謂自卑指的是指自我評價偏低、自愧無能而喪失自信，並伴有自怨自艾、悲觀失望等情緒體驗的消極心理傾向。有自卑感的人總是輕視自己，認為在某方面無法追趕上別人。自卑是人生最大的跨欄，每個人都必須成功跨越才能達到人生的巔峰。如果一個人長期生活在自卑之中，他就為自己選擇了一條痛苦的人生之路；如果生活在自信之中，他就學會了快樂地生活。在人際交往中，自卑情緒往往會成為相互溝通和瞭解的最大障礙。

自卑就像浮在我們心中的陰雲，只有撥開它，我們才能享受到燦爛的陽光，擁有人生的快樂。自卑的心理每個人或多或少都會有一些，因為一個人不可能永遠都充滿自信，關鍵的問題是，我們要想辦法走出自卑的陰影。戰勝自卑最有效的方法就是相信自己，只有相信自己才能超越自己，從平庸變得傑出。

一個人如果有了自卑心理後，往往從懷疑自己的能力到不能表現自己的能力，從不善與人交往到孤獨地自我封閉。本來經過努力可以達到的目標，也會因為認為「我不行」而放棄追求。

一天早晨，一位園丁到花園裏去的時候，發現所有的花草樹木都凋謝了，園中一片衰敗景象。

園丁非常詫異，就問常來花園玩耍的一隻小鳥。小鳥告訴他，橡樹因為自怨沒有松樹那樣高大挺拔，所以就生出厭世之心，不想活了；松樹又恨自己不能像葡萄藤那樣結出果子而沮喪；葡萄藤也很傷心，因為它不能像桃樹那樣綻開美麗的花朵；牽牛花也苦惱著，因為它自嘆沒有丁香那樣的芬芳。其餘的樹木也都有各自垂頭喪氣的理由，都埋怨自己不如別人。

只有一棵小草長得青翠可愛。於是園丁問它：「你為什麼沒有沮喪？」

小草回答：「我在園中雖然算不上重要，但是我知道你需要一株橡樹、一棵松樹或者葡萄藤、桃樹的同時也需要小草的存在，所以我就心滿意足地去吸收陽光雨露，使自己天天成長。」一個人當看不到自己的人生希望，領略不到生活的樂趣時，自然也不敢去憧憬美好的明天。

所以，在我們遇到各種來自生活中的挫折的時候，我們要積極地調整自己的心態，不要老盯著自己的短處和弱點，多找自己的優點和長處，以增強自己的自信心。走出自卑就能超越自己，贏得成功。

要想走出自卑首先要學會正確地評價自己，看到自己的長處，發現自身價值，堅信「天生我才必有用」。其次要學會自我激勵，積極暗示自己「我能行」、「別人能幹的事我也能幹」、「堅持就是勝利」等，增加自己戰勝困難與挫折的力量。總之，自信是消除自卑心理最根本的動力，自信可以把自卑心理轉化為自強不息的動力，使自己在交際中成為強者。

每個人的心底都會有一點自卑，在我們受到打擊和挫折的時候，自卑感就會加重。而當我們受到讚揚的時候，自卑感就會減弱，自信心增強。所以，在我們遇到挫折的時候，要積極地調整自己的心態，不要讓消極的心態主宰了我們的心靈，否則自卑感就會更加地肆無忌憚。

摒棄自私——自私自利惹人討厭

自私本是人們的一種正常表現，每個人都有自私的一面。但無私幫助別人也是人們常有的行為，甚至每個人也都有過無私幫助別人的時候，所以不能說自私是人的本性。

私欲是一切生物的共性，不同的是其他生物的私欲是有限的，人的私欲是無限的。正因為如此，人不合理的私欲必須要受到社會公理、道義、法律的制約，否則這個社會就會很混亂。任何一個人，內心存在一種普遍的道德、法律意識和保持自己的私心雜念是不矛盾的。如果人性中全是崇高的道德理念，人就不再是人而是神，如果人心中全是私心雜念，無崇高的道德理念，人就不再是人而和動物沒什麼區別。

自私是一種較為普遍的心理現象，是一種近似本能的欲望，處於一個人的心靈深處。正因為自私心理潛藏較深，它的存在與表現便常常不為個人所意識到，有的人不顧社會歷史條件的要求，一味想滿足自己的各種私欲，可是自己卻並沒有意識到他的行為過於自私，相反他在侵佔別人利益時往往心安理得。也因為如此，我們才將自私稱為人格缺陷。

自私心理並不是洪水猛獸，只要我們在意識到自己的自私行為時及時調適，就可以改善自私心理。一個想要改正自私心態的人，不妨多做些利他行為，例如關心和幫助他人，給希望工程捐款，為他人排憂解難等。私心很重的人，可以從讓座、借東西給他人這些小事情做起，多做好事，可在行為中糾正過去那些不正常的心態，從他人的贊許中得到利他的樂趣，使自己的靈魂得到淨化。

自私和無私之間僅僅只是一線之隔。越過它，你可以感受到捨己為人，不求任何回報的快樂。這是最大的喜悅，也是人生道路上不可或缺的一步。

羅素說道：「我的快樂日益俱增，一部分是因為我終於成功地驅除了某些根本不可能的欲望。但更大的原因，還應歸功於心靈中逐漸減少了對自我的關心。」

人是社會化的動物，人們的生活總是與他人緊密相聯，自私自利最終影響的是個人的生活和工作，因此，在交際中，我們無論是對人還是對己都要多一份寬容和愛心，少一份狹隘和自私。

第十一章

人脈決定命脈，經營好你的人脈存摺

人脈是一個人通往財富、成功之路的門票。

美國人際關係大師卡耐基說：

「一個人成功，專業知識占15%，其餘85%則取決於人際關係。」

處理好人際關係，擁有豐厚人脈資源，你就在成功路上走了85%的路程了。

多一個朋友就多一條路

每個人面前都擺著一座看不見卻等待自己去挖掘的金礦，豐富的人脈網路就是你的這座金礦，而你從中多發掘一個朋友就會為自己多帶來一條財路。只要自己善於開發，每一個人都會成為你的金礦。

通常，多一個朋友，必定可以多為你帶來一個財富機會，所以千萬不要忽視和放棄與周圍每一個人建立好人脈的大好機會。你所認識的每一個人都有可能成為你生命中的貴人，成為你事業中重要的支撐。

一個人的成長、發展、成功、成才都是在人際交往中完成的，甚至一個人的喜怒哀樂也都與他的人脈關係息息相關。沒有人際交往人們不知道會面臨什麼樣的遭遇，沒有人際交往又何談家庭、社會和國家，更談不上個人的「錢途」和發展了。

莫洛擔任美國摩根銀行股東兼總經理的時候，年薪高達一百萬美元，後又擔任了美國駐墨西哥大使，一時在美國聲名鵲起。但最初僅僅是一名法庭書記員的莫洛，後來如何有如此驚人的成就呢？莫洛一生中最大的轉捩點，就是他被摩根銀行的董事們看中，被推上摩根銀行總經理的寶座，一躍成為全美商業鉅子。據說，摩根銀行的董事們選擇莫洛擔當此重任，不僅是因為他在企業界享有盛名，更因為他在企業界和政府官員中具有好人脈。

人脈越寬，路子越寬；朋友越多，賺錢的機會自然也就越多。幾千年來，這已經被無數的經驗和教訓所驗證。一個優秀的人，往往能影響他身邊的人，能接受他們，使自己與他們之間的關係更好。好人脈是成大事者最重要的因素，也是我們挖掘人生金礦的必經之路！

有人脈就等於有財脈

社會上有這麼一類人：他們能力超群，見解深刻，才華橫溢，本來可以飛黃騰達，卻偏偏過著清苦的日子。這是為什麼呢？雖然這些人有才華，卻也恃才傲物，認為自己比別人優秀，是不可或缺的人才，因此狂妄自大，不能很好地與周圍的人相處。就這樣，他們因為沒有人脈，最終連才華都被埋沒了。

因此，沒有人脈資源的從旁協助，光有才華也是不能發財的。要想財源廣進、飛黃騰達，還是需要靠人脈取勝。

有人脈就等於有財脈！世界首富比爾．蓋茲經常被問到，如何成為世界首富？他每一次的回答都是，因為我請了一群比我聰明的人來幫我工作。足以見得，一個人的成功並不取決於他自己的才華，而是取決於他能夠借助別人的力量有多強。

眾所周知，《水滸傳》中的宋江，原本只是山東鄆城縣的一個小吏，然而，就是這樣一個小人物，日後卻搖身成為威震四方的英雄，威望一時，靠的是什麼？朋友！是武松、林沖、李逵等人，如果沒有他們，宋江能擺脫小人物的命運嗎？

紅頂商人胡雪巖也曾說過：「一個人的力量到底是有限的，就算有三頭六臂，又辦得了多少事？要成大事，全靠和衷共濟，說起來我一無所有，有的只是朋友。」的確，「一個籬笆三個樁，一個好漢三個幫」，這道理是顯而易見，世界上所有的百萬富翁也都是這樣做的。

當有人問：他們是依靠什麼成為百萬富翁的？著名的成功勵志大師卡內基的答案是：一本厚厚的名片夾。沒錯，正是因為擁有建立人脈的能力，他們才成為了百萬富翁，成為了被人追逐、崇拜的對象。所以我們自然也不能忽視這種重要資源。

台灣的傳奇式人物王永慶，從做生意開始就非常重視建立人脈。

王永慶在剛開始做木材生意的時候，對客戶的條件放得很寬，往往都是等到客戶賣出木材之後再結賬，而且從不需要客戶做任何擔保。不過沒有一個客戶曾拖欠和賴賬，原因就在於王永慶不但瞭解每一個客戶的為人，也理解他們做生意的難處。正因為有了這份信任，客戶很快就跟王永慶建立起了深厚的友誼。

所以，人是最大的資源，不管做什麼事情，都有人的因素。被稱為「賺錢之神」的邱永漢說：「失去財產，仍有從頭再做生意的機會，失去朋友，就沒有第二次的機會了。」

世界潛能大師陳安之的《超級成功學》著作中說：「成功靠別人而不是靠自己。」這個觀點乍聽起來是有點不可思議，但是仔細琢磨，其實是非常有道理的。

做人不要過於迷信自己，靠一個人的力量能做多少事情呢？如今早已不是靠一個人單槍匹馬闖天下的時代了，一個人再有能耐，其力量也是渺小的，如同一滴水之於大海。所以，只有善於借助別人的力量，順風行船，才能最快地到達目的地。

名人朋友的效應不可忽略

說到名人效應，大家都不會感到陌生。由於名人是人們心目中的偶像，所以常常有著一呼百應的作用。而在經營人脈方面也是不能忽視這種名人效應的。在人緣上「攀高枝」、拉攏

「大人脈」，是很多人的做法。他們堅信交朋友就要從有名、有勢、有錢的人入手，一旦打開了局面，以後在人際交往中，就能高枕無憂了。

其實，利用名人效應的做法並沒有什麼不對。生意場上若能使自己的商品與某個名人掛上鉤，銷路不是也自然大開嗎？所以，在今天的人際交往哲學中，利用名人效應絕對是一種明智之舉。

一個小人物和一位偉人哪怕只是握握手，就能使自己的身價驟然倍增。這就是名人效應。其實，攀高枝的想法大部分人都有，誰不希望跟聲名顯赫的人做朋友？如果能躋身於他們的行列，自己也便沾上了榮耀，這是多少人夢寐以求的啊。

斯威爾是一位來自墨西哥的流浪者，他本來窮困潦倒，身無分文，卻通過使用借助名人效應的手段，廣求於天下，不但求來許多名人作朋友，還為自己求來了百萬家財。

仔細說來，斯威爾的致富法寶其實很簡單，而且也很有趣。斯威爾有一本簽名簿，裏面貼有許多世界名人的照片，他自己模仿那些名人的親筆簽字，寫在照片底下。然後，斯威爾便帶著這幾本簽名簿周遊世界各地，登門造訪那些喜好名望和美譽的富商巨賈們。

每當見到一個有錢人，斯威爾就像很仰慕地對他說：「我是因仰慕您而千里迢迢從北美洲的墨西哥前來拜訪您的，請您貼一張玉照在這本世界名人錄上，再請您簽上大名，我們會加上簡介，讓它出版發行，然後全界的人都會瞭解您有多麼偉大、多麼成功……」

斯威爾拜訪的那些人有的是錢，一聽說能跟世界名人排名在一起，便感到無限風光，這樣一來，他們自然會出手闊綽地付給斯威爾一筆為數可觀的金錢作為答謝。

而事實上，即使這本簽名簿真的會出版，每本的成本也不過是幾美元。而富人所給的報酬，卻往往是這個成本的上千倍。就這樣，斯威爾整整花了十年的時間，旅行近兩百個國家，提供給他照片與簽名的共有數萬人，斯威爾所得到的酬勞不計其數。

所以，在拓展人脈的過程中，要善於借助名人的效應來提高自己的威望。即便你並不認識那些名人，只要你能想辦法站在他們的光環之下，並適當宣傳、加以利用，就能達到誇大自己的效果。

那麼，如何利用名人效應呢？或者說，我們在利用名人得到聲望之前，我們應該做些什麼呢？

●要與有影響力的人做朋友

對於一般人來說，應該隨時留心周圍人的品格、能力及其影響力，要用真心去交朋友。要盯得準，看準有能力幫助你的那類人。

●努力求得朋友的幫助

朋友能否幫你的忙，還看你平時表現如何。這就要求你與別人交往時，目光要放遠些，不因利小而不為，亦不因利大而為之。這樣看來，借力的功夫完全包含在平時為人處世之道中。

●借助一些有權力的人，或一些知名度較高的人的力量

因為這些權威人物都有一定的威懾力量，對方看你有「後台」也會願意與你合作。有很多人並不是不會借力，而是難為情而不願意求人，總覺得這樣做有失體面，好像是貶低了自己的能力。其實，這些想法都是不必要的。什麼時候也別忘了，即使是拿破崙也需要別人幫他架起成功的橋樑，何況你我只是一個平常之人呢？

貴人說明，「錢」途無量

在現實交往中，各種各樣的貴人，以不同的身分出現在我們的身邊，他們的出現對我們來說都很重要，任何一個貴人都不能缺少，但如果一定要選出一個重中之重，那就是能在生意上提攜我們的貴人了。這些能在生意上提攜我們的貴人，只要幫我們一個小忙，就會為我們的生意發展帶來不少的機會，我們的未來就有可能錢途無量。

一般來講，做生意的人都講究人緣、客緣，但是如果一個貴人的幫助都沒有，那將比沒有人緣、沒有客緣還要可怕。所以，如果你有這方面的人脈資源，就一定要積極地利用起來，如果沒有。就不要再守株待兔了，儘量去結交新朋友，去發掘那些已有實力卻還沒有被利用的人際資源，主動出擊去為自己的錢途而努力吧！

對與能在生意上提攜我們的貴人，我們一定要加強聯繫。人們常說求人難開口，這是因為求人之前你幾乎把別人忘了，即使沒忘也很少與別人聯繫。所以，當你需要對方幫忙的時候，你會覺得難以開口，對方也會感到十分突然。如果你很有意識地與對自己生意有幫助的人保持聯繫，當你需要對方的時候，你會很自然地得到別人的幫助。

上司助你事業收入兩得意

在圈中打拚多年的人，誰不想升職、加薪，事業收入兩豐收啊。但是，往往大多數人都苦於「升職無門」，入職很多年，回過頭來卻發現自己仍然是在原地踏步。

那麼，大家有沒有想過自己仕途不順的原因是什麼呢？事實上，想要快速晉升，最好的辦法就是借助上司。要知道，上司永遠是在工作中給予自己幫助最多的人，他具有扭轉乾坤的神奇力量，有了上司的鼎力相助，肯定能使你很快得到提拔。讓上司為你的升遷之路指點迷津，這可能是你晉升的最快的路線。

當我們每個人進入職場以後，文憑的作用會逐漸淡化。工作履歷，工作業績，會變得越來越重要。所以，要想快速實現自己的理想，我們必須借助外界的力量，尋求上司的幫助就是一條捷徑。

如果能讓自己成為上司眼中的紅人，那麼他不僅會在工作中指導你，幫助你，督促你事業的發展，為你提供諮詢，還會在人際矛盾中幫你排除困難，而且對你的晉升也能助一臂之力。

許多人說：「我的老闆或上司，根本就沒興趣培養我，甚至冷淡我，對我愛理不理。還有就是我的老闆或上司很差很濫，從他們那裏根本學不到什麼。」無論你的上司或老闆在你眼中有多麼差，也要明白，他們能做到這個位置一定有其道理，從他們身上，一定可以有所學。

大多數人對上司都有一種敬而遠之的心態，更很少與之溝通，如果你不和老闆多溝通，也許老闆永遠也不會瞭解你的想法，你也可能一直都得不到提拔。嘗試著多和上司溝通，在眾多員工中，你也許很快就能脫穎而出。

要得到上司的賞識，主動是必要而基本的前提。向老闆彙報，要先說結論，如時間允許，再作細談；若是書面報告，要簽上自己的名字；還要將成績設法告訴你的同事、部屬，他們的宣傳比起你來效果更佳。

要想在職場上獲得加薪升職的機會，從工作的第一天開始，就應該為自己選擇一位老闆或者上司作為你的貴人，有他們的提攜和幫助，能節約你的奮鬥成本，使你存最短的時間內攀升到更高的位置。

讓下屬成爲你的「搖錢樹」

在每一個企業當中，主管和下屬的關係永遠是微妙的。下屬過於優秀，主管會擔心自己被超越而地位不保；下屬過於平庸，主管又會擔心被拖累而丟了飯碗……但毫無疑問，更多的主管人物還是喜歡那些優秀下屬的。雖然他們可能在某些方面已經超過了自己，而讓自己備感威脅，但聰明的主管懂得，只要對他們的才能加以引導、巧妙利用，不僅可以把這樣優秀的下屬培養成自己的得力助手，甚至還能把他打造成自己的一棵「搖錢樹」！

美國著名歷史學家諾斯占德·帕金森指出：「一個不稱職的官員，可能有三條出路。第一是申請退職，把位子讓給能幹的人；第二是讓一位能幹的人來協助自己工作；第三是任用兩個水準比自己更低的人當助手。」這第一條路，百分之九十九的人是不會選擇的，因為那樣會喪失許多權力；第二條路百分之八十的人也是不會選擇的，因為那個能幹的人將來會成為自己的對手。看來只有第三條路最適宜，於是，兩個平庸的助手分擔了他的工作，他自己則高高在上發號施令。兩個助手既無能，也就上行下效，再為自己找兩個無能的助手。

如此類推，就形成了一個機構臃腫、人浮於事、相互扯皮、效率低下的主管體系。而早早看到了這種弊端的主管，是不會如此效仿的。

美國奧美廣告公司的創始人、著名廣告權威大衛．奧吉爾維愛向每位新到任的部門經理送件禮品木娃娃。這木娃娃很奇特，大娃娃內套中娃娃，中娃娃內套小娃娃，而小娃娃內則有一紙條，上面寫著：「如果我們每個人都只雇用比我們小的人，我們公司就會變成一個矮人國，侏儒成群；但如果我們每個人都能雇用比我們自己高大的人，我們就能成為巨人公司！」正是因為奧美公司敢於超越自己，使用強人、能人，從而使得奧美公司從一個小公司發展成為世界五大廣告公司之一，而大衛．奧吉爾維愛的身家也從此飆升。很明顯，正是他善於利用優秀下屬的英明決策，才使他實現了自己的財富夢想。當然，他人生和事業的成功，更離不開這些「搖錢樹」的功勞！

任何主管者不可能也不必事事都高明於下屬，關鍵是要能夠容忍下屬比自己強，更要善於發揮他的才能。《財富》雜誌根據對ＣＥＯ失敗的長期分析，提出了六大原因。其中一條是

「缺乏處理人的能力」。而不敢用比自己「高」的人就是「缺乏處理人的能力」的一種典型表現。

一個優秀的主管者，本身就是一個出色的織錦人，只有善於借用下屬人員的智慧，才能織出美麗的錦裳；也只有下屬之中人才輩出，才能錦上添花。那麼，該如何使用比自己強的下屬呢？

首先，要重用。有才能的人總是容易哀嘆自己英雄無用武之地，你要做的就是給他舞台讓他盡情地去發揮。重要的是，你給他的工作要有挑戰性，否則會讓他覺得你看不起他的能力。而且這也能調動他的積極性，讓他的潛能得到發揮，讓他的才華得到施展。

其次，要管好。能人毛病多，容易恃才傲物，甚至愛自作主張，如果任其張揚，就會引起其他人的不滿，也會影響你在下屬面前的威信。因此，必須要管好有才能的人，除了要有制度約束，還要多與之進行溝通交流，力爭達到共識和共鳴。

再次，要培養。有才能的人往往把握不住自己的表現欲，這樣就容易招來嫉妒。如果主管一味的偏愛，也可能使他們因此受到攻擊和孤立。但如果主管順應組織中其他成員的心理需求，對能人給予打擊排斥，很可能導致其離開。最好的辦法是養，方法是引導能人少說多做，除有成績外，還要善意地有藝術性地幫他改正缺點，同時也要教導其他人員更新觀念、見賢思齊，使組織形成團結合作、積極進取的良好氛圍。

事實上，主管能夠敢用比自己強的能人不僅是一個肚量的問題，也是一個信心與能力的問題。許多管理者不喜歡那些野心勃勃的下屬或同事，覺得這些人對自己來說是一種威脅。實際上，這些人並不可怕，如果他們真有才能，反而可以成為你最可貴的夥伴，大家共同謀事，共同發展。

借朋友之力，圓財富之夢

美國著名實業家亨利．福特曾經說過：「相聚，是始；團結，是進步；合作，則是成功。」一成功人士的經驗之談，已經充分說明了朋友之間借力與合作將帶來怎樣的收益，而所有善於運用人脈的人也都是這樣操作的。這是因為善於借助朋友的力量並與之合作，是縱情商海賺大錢的最佳方案，也是幫你實現「黃土變黃金」這種財富美夢的保證。

現代成功商人的共識，就是借助朋友的力量才能發展。缺乏團結一致合作精神的企業不可能獲得前進，這就像幾匹馬拉一輛車行駛一樣，當所有的馬朝著一個方向步調協調地奔跑時，這輛車才能有速度。如果幾匹馬朝著不同的方向前進，這輛車根本就不會前進，如果步調不一致，還會導致馬倒車翻。

聖瑪諾是美國著名的百貨公司聖瑪諾·皮埃爾公司的創始人之一。他能取得成功的最主要因素就是他善於與人合作。

聖瑪諾在剛開始創業的時候，飽嘗了「夥伴難找」的滋味。直到一天晚上，他遇到了在自己的事業中起關鍵作用的人皮埃爾。兩人一見如故，然後隔著桌子熱烈地擁抱在一起。就這樣，以兩人姓氏為名的世界性的大企業「聖瑪諾·皮埃爾公司」在擁抱中誕生了。合作帶來了新的財力和機遇，聖瑪諾如虎添翼，公司第一年的營業額就比聖瑪諾單幹時增加了將近十倍，獲利高達四十萬美元。

合作的第二年，公司營業額增長更快，這種發展速度是二人始料未及的。在他倆明顯地感到力不從心之後，皮埃爾提議說：「我們何不請一個有才能的人參加我們的生意？」聖瑪諾對他這個建議由衷地讚許道：「好吧，讓我們為自己的生意找個老闆。」

聖瑪諾和皮埃爾經過幾番謀劃，終於，一家布店的老闆進入了他們的視線。這是一家擁擠的布店，門前貼著的大紙上寫道：衣料已售完，明日有新貨進來。那些搶購的女人，惟恐明天買不到，都在預先交錢。夥計解釋說，這種法國衣料原料不多，難以大量供應。聖瑪諾知道這種布料進得不多，但並非因為缺少原料，而是因為銷路不好，沒法再繼續進口。看到布店老闆對女人心理如此巧妙地運用，以缺貨來吊起時髦女性的胃口，他實在覺得這個老闆手法高人一籌，令人折服。

聖瑪諾和皮埃爾不約而同地認為：這個人就是他們要找的人。然而，當他倆與店主見面時卻大出意外。不禁面面相覷。原來他們彼此已認識好幾年，只是對這個店主大衛斯沒有什麼特殊的印象。寒暄之後，聖瑪諾開門見山地對大衛斯說：「我們想請你參加我們的生意，坦白地說，想請你去當總經理。」

當上總經理的大衛斯為報知遇之恩，工作非常投入，取得了驚人的成就。聖瑪諾．皮埃爾公司聲譽日隆，十年之中，營業額競增加了六百多倍，並已擁有三十萬員工，每年的銷售額將近七十億美元。

可見，人與人之間需要一種合作的關係，借助別人的力量亦等於團結合作。「滴水不成海，獨木難成林」，中國人自古就講究齊心協力。因為一個人的力量畢竟是有限的，只有凝聚眾人的力量，團結合作，才能促成「眾人種樹樹成林，大家栽花花滿園」的壯麗局面。

尤其是在競爭日趨激烈的商業社會裏，合作之道早已成為一股強大的力量！因此，要想成為強者，脫穎而出，最直接最有效的方法莫過於借助功成名就之士的力量，然後與之合作賺錢了。

合作本身不是目的，真正借助別人的力量才是取勝的關鍵。越來越多的人因為獨木難支而敗下陣來，而更多的人卻以「三個臭皮匠賽過諸葛亮」的合作幹出了一番大事業。可見，一個人的力量終究無法與大家合作的力量相提並論。

一位哲人曾說過，你手上有一顆蘋果，我手上也有一顆蘋果，兩顆蘋果交換後每個人還是一顆蘋果；如果你有一種能力，我也有一種能力，兩種能力交換後就不再是一種能力了。這正是「二人同心，其利斷金」的最好詮釋，也正是現代企業需要的團隊意識、合作精神的表現。想要在商海中有所成就，只有與合作夥伴團結一心、精於合作，才能讓自己的公司在日益激烈的競爭中脫穎而出，把事業上的付出兌換成遍地黃金。

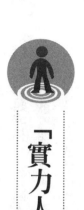

「實力人物」的身邊人助你成功

如今的社會，並不是每個人都能結交上權貴；即使有幸結交，也不見得能得到他們的「貴人相助」。然而，結交那些「實力人物」的身邊人並沒有太大的難度，得到了他們的信任，就相當於得到了「實力人物」的認可，他們總會在恰當的時機出現為你賣力，為你美言幾句。所以在人際關係的拓展中，千萬不能忽視權貴的「身邊人」，他們就像催化劑一樣，用好了讓你一步登天，攀附上權貴；用不好，也會壞了你的好事。

當你有幸結識了某位「實力人物」的身邊人後，一定要把握住他，用盡方法得到他的支持。當你在成功或失敗的關頭，他的一句話、一個動作甚至一個眼神，都有可能倒轉乾坤、變黑為白。

想要「貴人」相助，一定要記住史坦芬．艾勒的一句話：「把鮮花送給『實力人物』身邊的人，即使他們看來只是你心目中的小角色。」哪怕他們只是一個小小的秘書、一位家庭主婦，甚至是尚處弱冠的小孩子，也不要放過結交和討好他們的機會。與「小角色」有了情義和信任的同時也會帶來效益。說不定，這些「小角色」會在某個關鍵時刻影響你的前程和命運。不僅對於身邊的小角色要認真對待，對於那些實力人物特別在意的人，更要倍加用心，博得了這些人的歡心，實力人物自然也就甘當你的「貴人」了！

清光緒某年，鎮江知府大人想為他的母親做八十大壽，消息傳到周炳記木號，周老闆愁眉頓開，高興萬分。周老闆為何高興？原來那時鎮江木號的木材，大都堆在江裏。為此，清政府每年要索納幾千兩銀子的稅貼。木號的老闆們為了放寬稅貼，只好向知府大人送禮獻媚。可這位知府自稱清正廉明，所贈禮品均拒之門外。

周老闆正在設法尋找接觸的機會，聽說知府的老母要做大壽，頓時覺得這是一個機會。他知道知府大人是位孝子，對老夫人的話是百依百順，只要打動了這位老夫人，也就等於說服了知府大人。

周老闆派人打聽老夫人喜歡什麼，得知她最喜歡花。可眼下初入寒冬，哪來的鮮花呢？周老闆靈機一動，有了辦法。

老夫人做壽這天，周老闆帶著太太一行人早早來到知府大人的後衙。周太太一下轎，丫鬟們就用綠色的綢緞從大門口一直鋪到後廳，周太太在地毯上款款而行，每走一步就留下一朵梅花印。朵朵梅花一直「開」到老夫人的面前：「祝老夫人福如東海，壽比南山。」老夫人聽了笑得合不攏嘴，連忙請他們入席。

宴席期間，上了廿四道菜，周太太也換了廿四套衣服，每套衣服都繡著一種花，什麼牡丹、桂花、荷花、杏花……看得老夫人眼花繚亂，眉開眼笑。直到宴席結束，周太太才說請知府大人高抬貴手，放寬木號的稅貼的事宜。老夫人正在興頭上，忙叫兒子過來，吩咐放寬周炳記木號的稅貼。既然母親開了「金口」，孝子又豈有不點頭答應之理。

從此，周太太成了知府家中的常客，每次來都借「花」獻佛。那孝順的知府大人也因母命難違，就對周老闆另眼相看。

當然，有些人並不是心甘情願地為你做「貴人」的，這就要想辦法，讓他行也得行，不行也得行，像周老闆就很會想辦法，他先從「實力人物」的身邊人入手，使老夫人能在知府大人面前好言相助，從而給知府大人施加壓力，使他不得不做了自己的「貴人」。

對於普通人來說，與大公司或知名人物見面的機會是很難得的，但是，與他們的朋友、親屬或工作中的助手結識將會成為你走向成功的天然踏腳石。如果他們能幫你在「實力人物」耳邊說上幾句好話，那真是很榮幸也很珍貴的。

要與「實力人物」交往，最基礎的工作就是要掌握他們的社會關係。

他們是人，不是神，他們有各種社會關係，有各種各樣的業務，也有各種各樣的喜好、性格特徵。特別是現代媒體，經常關注一些「實力人物」的情況，你從中定會瞭解一二。

你可以從他的歷史上認識他的過去、他的經歷，甚至他的祖輩、父輩，然後從他的親屬、他的朋友、他的子女等「小角色」入手，取得他們的信任與支持，那麼「實力人物」幫你「呼風喚雨」，甘當你的「貴人」的日子將指日可待。

一分鐘爆紅法——瞬間拓展圈子的人脈心法

作者：章岩
出版者：風雲時代出版股份有限公司
出版所：風雲時代出版股份有限公司
地址：105台北市民生東路五段178號7樓之3
風雲書網：http://www.eastbooks.com.tw
官方部落格：http://eastbooks.pixnet.net/blog
Facebook：http://www.facebook.com/h7560949
信箱：h7560949@ms15.hinet.net
郵撥帳號：12043291
服務專線：(02)27560949
傳真專線：(02)27653799
執行主編：劉宇青
美術編輯：許惠芳
法律顧問：永然法律事務所 李永然律師
北辰著作權事務所 蕭雄淋律師
版權授權：馬峰
初版日期：2013年2月
ISBN：978-986-146-929-4

總經銷：成信文化事業股份有限公司
地　址：新北市新店區中正路四維巷二弄2號4樓
電　話：(02)2219-2080

行政院新聞局局版台業字第3595號 營利事業統一編號22759935

定價：250元　特價：199元

國家圖書館出版品預行編目資料

一分鐘爆紅法--瞬間拓展圈子的人脈心法／章岩 著. -- 初版. --
臺北市：風雲時代，2013.2 -- 面；公分

ISBN 978-986-146-929-4（平裝）

1.人際關係

177.3　　101017403